ちくま文庫

必ず食える1%の人になる方法

藤原和博

筑摩書房

「自分の進みたい道がわかる!　4つの価値観×志向」別判定チャート

あなたは7つの条件をクリアして、

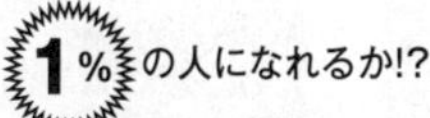

の人になれるか!?

条件1
パチンコをするか、
しないか

しない
1/2の人

条件2
ケータイゲームを電車の中で
日常的にするか、しないか

しない
1/4の人

条件3
本を月1冊以上読むか、
読まないか

読む

の人

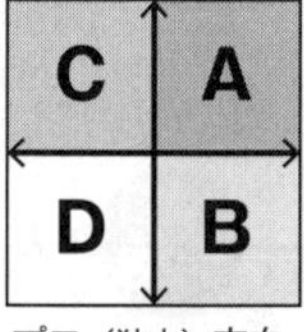

経済以外の価値
家族、友達、
個人的な活動、
社会貢献を
重視する

経済的価値
給料、年収、
お金を
重視する

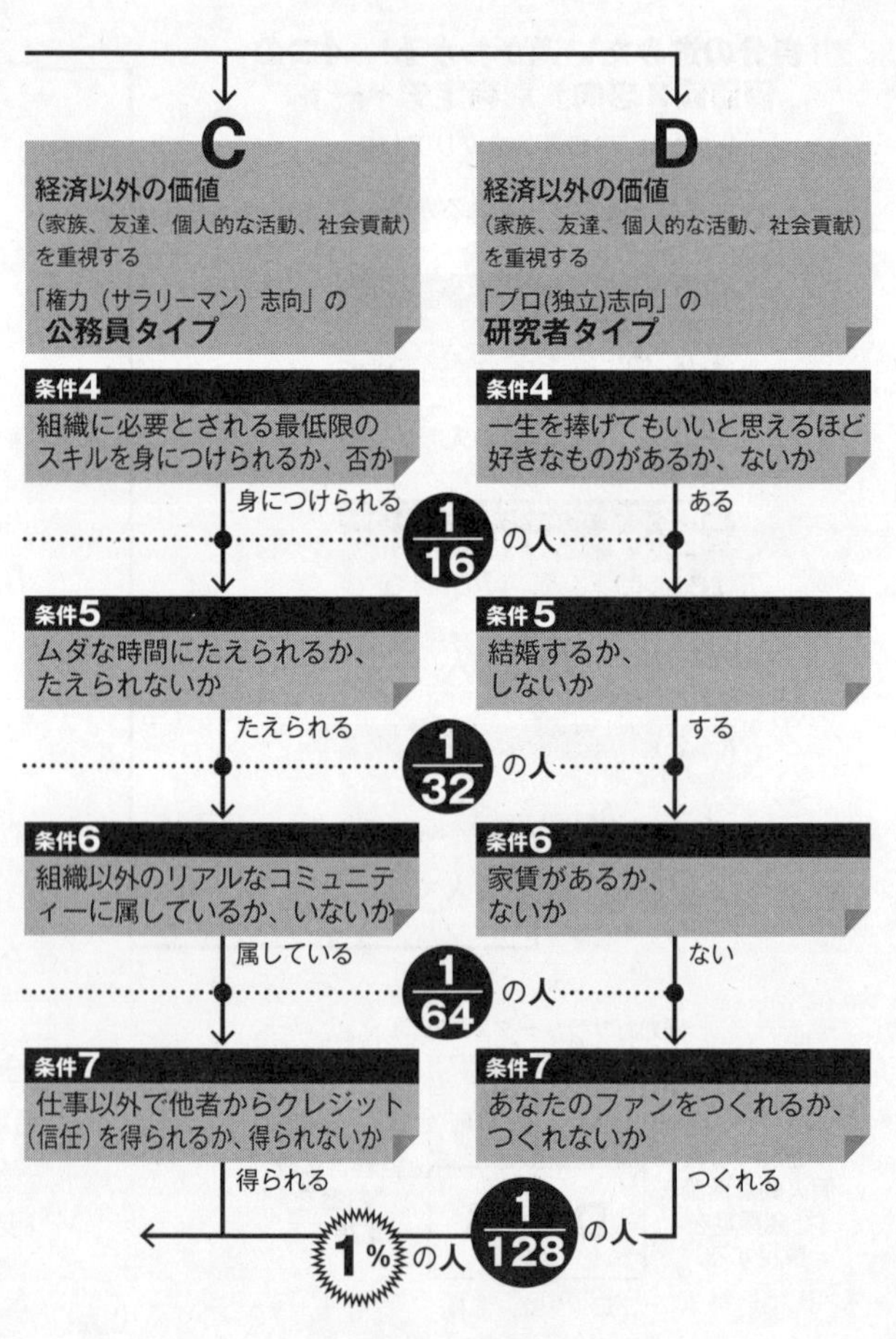
C
経済以外の価値
（家族、友達、個人的な活動、社会貢献）
を重視する
「権力（サラリーマン）志向」の
公務員タイプ
D
経済以外の価値
（家族、友達、個人的な活動、社会貢献）
を重視する
「プロ(独立)志向」の
研究者タイプ
条件4
組織に必要とされる最低限のスキルを身につけられるか、否か
身につけられる
条件4
一生を捧げてもいいと思えるほど好きなものがあるか、ないか
ある
1/16の人
条件5
ムダな時間にたえられるか、たえられないか
たえられる
条件5
結婚するか、しないか
する
1/32の人
条件6
組織以外のリアルなコミュニティーに属しているか、いないか
属している
条件6
家賃があるか、ないか
ない
1/64の人
条件7
仕事以外で他者からクレジット(信任)を得られるか、得られないか
得られる
条件7
あなたのファンをつくれるか、つくれないか
つくれる
1/128の人
1%の人

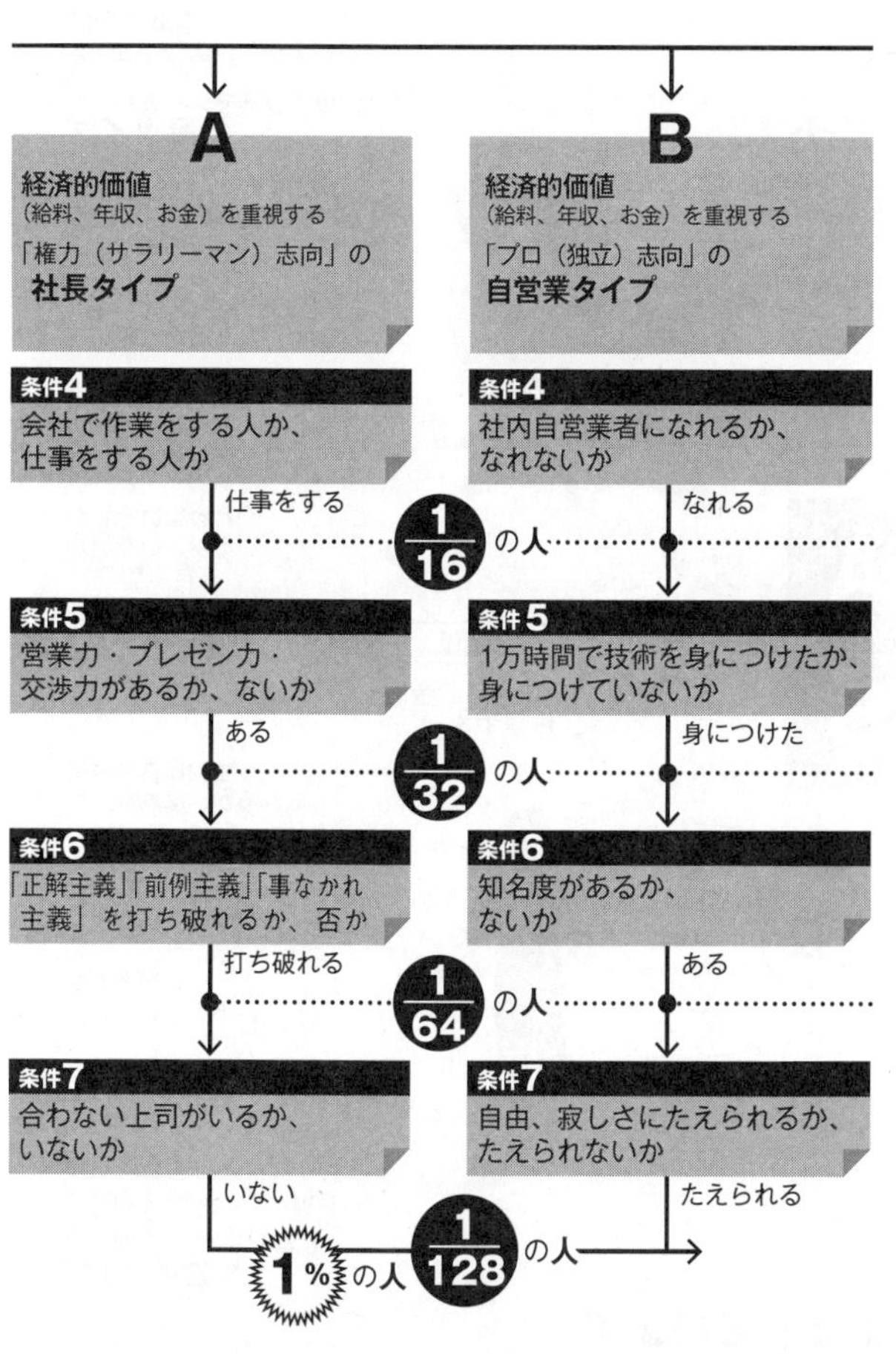
A
経済的価値
（給料、年収、お金）を重視する
「権力（サラリーマン）志向」の
社長タイプ
条件4
会社で作業をする人か、
仕事をする人か
仕事をする
条件5
営業力・プレゼン力・
交渉力があるか、ないか
ある
条件6
「正解主義」「前例主義」「事なかれ主義」を打ち破れるか、否か
打ち破れる
条件7
合わない上司がいるか、
いないか
いない
1%の人
B
経済的価値
（給料、年収、お金）を重視する
「プロ（独立）志向」の
自営業タイプ
条件4
社内自営業者になれるか、
なれないか
なれる
条件5
1万時間で技術を身につけたか、
身につけていないか
身につけた
条件6
知名度があるか、
ないか
ある
条件7
自由、寂しさにたえられるか、
たえられないか
たえられる
1/16の人
1/32の人
1/64の人
1/128の人

力

経済的価値
（給料、年収、お金）を重視する
「権力（サラリーマン）志向」の
社長タイプ

会社で作業をする人か、
仕事をする人か

営業力・プレゼン力・
交渉力があるか、ないか

「正解主義」「前例主義」「事なかれ主義」を
打ち破れるか、否か

合わない上司が
いるか、いないか

A

経済的価値
給料、年収、お金を
重視する

B

社内自営業者に
なれるか、なれないか

1万時間で技術を
身につけたか、
身につけていないか

知名度が
あるか、ないか

自由、寂しさにたえられるか、
たえられないか

技

経済的価値
（給料、年収、お金）を重視する
「プロ（独立）志向」の
自営業タイプ

に対応しています

経済以外の価値
（家族、友達、個人的な活動、社会貢献）を重視する

「権力（サラリーマン）志向」の
公務員タイプ

組織に必要とされる
最低限のスキルを
身につけられるか、否か

ムダな時間にたえられるか、
たえられないか

組織以外のリアルな
コミュニティーに属して
いるか、いないか

仕事以外で
他者からクレジット（信任）を
得られるか、得られないか

つながり

権力（サラリーマン）志向

C

経済以外の価値

家族、友達、個人的な活動、社会貢献を
重視する

D

一生を捧げてもいいと
思えるほど好きなものが
あるか、ないか

結婚するか、
しないか

家賃があるか、
ないか

あなたのファンをつくれるか、
つくれないか

好き

プロ（独立）志向

経済以外の価値
（家族、友達、個人的な活動、社会貢献）を重視する

「プロ（独立）志向」の
研究者タイプ

この本は4つの生き方

この本を読むか読まないか、またいつ読むかで人生が変わるだろう。

必ず食える1%の人になる方法【目次】

第2章 B 経済的価値×プロ志向→自営業タイプ 115

条件5　1万時間で技術を身につけたか、身につけていないか　129
→1万時間で技術を身につけろ！　131

第4章 D 経済以外の価値×プロ志向→研究者タイプ

はじめに

これからのビジネスパーソンははっきり二極化していく

ほんのひと握りのグローバル・スーパーエリートと、それ以外の大多数の人々——。ビジネスパーソンが上下の階層に真っ二つに分かれる社会がもうそこまで来ています。

いまビジネスの世界では、グローバル・スーパーエリートがやたらともてはやされています。

日本国内の優秀なエリートビジネスマンの中には、外資系企業に就職して派手に活躍して高い収入を得ている人もいれば、海外に出て現地の人と大規模なビジネスを展開している人もいます。そういう超優秀なビジネスパーソンが、よくメディアでも取り上げられている。

その一方で、中国やインドの優秀な人材が日本にやってきて、日系企業に就職している現実もあります。

彼らは日本人より安い給料で働くので、国内の労働市場を脅かす存在になっています。

それに加えて、日本国内で処理されていた単純作業、もしくはＩＴや機械に置き換え可能な仕事そのものが中国やインド、新興国に奪われていっており、国内の簡単な仕事はどんどん減る傾向にあります。

日本人の優秀層にはかなわず、外国人にも仕事を奪われていく――。

そんな厳しいビジネス環境において、不安や焦りを感じている人も多いはずです。

「自分には特別なスキルや能力もないが、これから食べていけるのだろうか……」

「将来、仕事がなくなって食えなくなるかもしれない……」

未来に明るい展望を描けず、みじめに負けていく姿がちらついているビジネスパーソンも少なくないかもしれません。

しかし、グローバル化が進む中、こうした二極化の傾向は国内外で続いていくものと思われます。日本だけが例外というわけにはいきません。

現在、日本の中間層というと、年収４００万〜８００万円くらいのイメージだと思います。

それが今後は、年収200万〜400万円の人たちと、年収800万円以上の人たちに分かれていく。しかも、この格差はどんどん広がっていくでしょう。

多くの人は年収200万〜400万円になり、この人たちが「新しい中間層」になっていくことは、もはや避けられません。

「経済的価値」よりも「経済以外の価値」、「権力志向」よりも「プロ志向」の人も増えている

しかし、ではグローバルに活躍するスーパーエリート以外の人たちが将来、絶望的かというと、そんなことはありません。

たしかに年収800万円以上をコンスタントに稼ぎつづけるのは、いま以上に難しくなるかもしれませんが、何も給料や年収だけが幸せや生きがいの基準ではありません。

私はよく、「経済的価値」と「経済以外の価値」という言い方をしています。

「経済的価値」とは給料や年収をはじめ、お金を重視する考え方で、「経済以外の価値」とは家族や友達、個人的な活動や社会貢献を重視する考え方のことです。

その二軸でいえば、「経済的価値」だけを追い求めるのではなく、「経済以外の価ています。

仕事一辺倒の生活ではなく、家族や友達と過ごす時間、あるいはネットを通した個人的な活動や社会貢献などに自分らしい価値を見出す人は、あなたのまわりでも増えているのではないでしょうか。とくに若者の間で、その傾向が顕著です。

それにあわせて、これまでは一流企業に入って出世をめざす「権力（サラリーマン）志向」の人が大半でしたが、いまは組織の中での「権力」ではなく、どこでも通用する力を身につけようとする「プロ（独立）志向」の人も増えています。

大学生の就職がなにかと話題になりますが、根っこには、大学の大半が社会に出てから役に立たない学問を教えていることもあるように思います。

おそらく学生の側が先に気がつき、「大学に行っても将来、食べていけない。自分の好きなことで技術を磨いてプロになってやる」という例がたくさん出てくるでしょう。就職率の悪い大学は淘汰され、学生も大学も「プロ志向」にシフトしていくに違いありません。

すでに、その傾向はあらわれており、英語教育を徹底している秋田の国際教養大学や、国際基督教大学（ＩＣＵ）、金沢工業大学などは就職率の良さで評価が高く、学生と企業の双方から人気を集めています。３校に共通するのは、実学を習得できること。つまり、「プロ志向」の人材を育てるという姿勢です。

サラリーマンの道を選んでも、安定を永久に保証される時代ではなくなりました。企業の再編やリストラが加速し、いったん正社員の地位を得ても安心できない以上、どこでも食べていける「プロ志向」のニーズは確実に高まっていきます。

7つの条件をクリアすれば、誰でも「100人に1人」の1％の人になれる

自分は給料や年収をはじめ、お金を重視する「経済的価値」を求めていくのか、友達や家族、個人的な活動や社会貢献などを重視する「経済以外の価値」を求めていくのか。

あるいは、あくまで会社組織に残ってサラリーマン世界での出世をめざす「権力志向」でいくのか、それとも組織には属さず、どこでも食べていけるスキルの獲得をめざす「プロ志向」でいくのか。

いまの時代、どの道を選ぶのがベストな選択肢なのかは誰にもわかりません。一人ひとりが自分の「価値観」と「志向」によって決断するしかないのです。

ただ、自分ひとりで道を選択し、地図も羅針盤もない状態で進んでいくのは、孤独で不安なものです。いったいどうしたらいいのでしょうか。

安心してください。この本で、その地図と羅針盤を示したいと思います。世界をまたにかけて活躍するグローバル・スーパーエリート以外の人たちが生き抜くための極意。

それは**1%の人**、すなわち「100人に1人」の**レアな人**になることです。

いいですか、「1万人に1人」ではありません。「1000人に1人」でもない。「100人に1人」になることなのです。

この本で紹介するたった7つの条件さえクリアできれば、誰でも1%の人になれます。

「100人に1人」という1%の希少性を獲得できれば、どの分野でも食べていける確率が高くなりますし、その他大勢のライバルから抜け出すことも可能になります。

それこそが、スーパーエリートでない一般ビジネスパーソンの生きる道——。

そのことを詳述するのがこの本の目的ですが、その前に、なぜ7つの条件さえクリアできれば1%の人になれるのかを説明しておきます。

単純な算数の問題です。「2の7乗」の計算式を頭に思い浮かべてください［図表1］。

[図表 1] あなたも 1 %の人になれる!

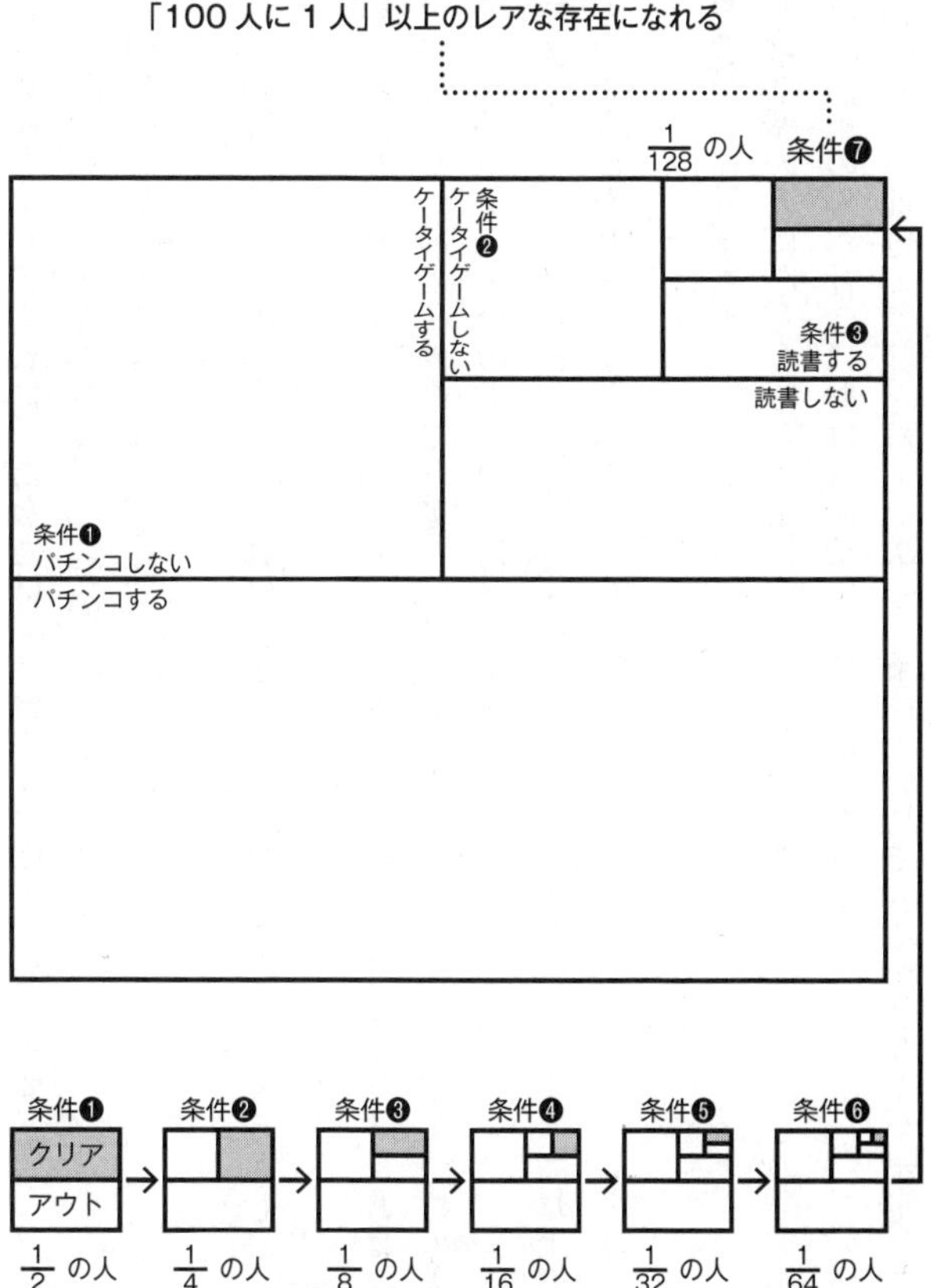

1つめの条件をクリアすれば、あなたは「2分の1」の人になれます。
2つめの条件もクリアできれば、「4分の1」の人になれます。
3つめの条件もクリアできれば、「8分の1」の人になれます。

つまりこの時点で世の中全体からすれば、すでに「8分の1」＝12・5％しかいないレアな人だということです。

4つめの条件をクリアすれば「16分の1」の人、5つめの条件をクリアすれば「32分の1」の人、6つめの条件をクリアすれば「64分の1」の人、そして7つめの条件をクリアすれば「１２８分の１」の人になれます。

どうですか。たった7つの条件をクリアするだけで、「１００人に１人」以上の希少性をもった人になれるのがおわかりいただけるかと思います。

旧来の日本社会の成功7条件

これから1％の人になるための7条件について解説していきますが、その7条件というのは、旧来の日本社会における成功の条件とは異なります。

というのも、20世紀までは、およそ次の7条件が成功できるかどうかを規定していたように思われるからです。

旧来の成功条件1 男性か、女性か
↓男性である

女性は女性であるというだけで、有能かどうかにかかわらず、割(わり)を食ってきました。そもそも一般職にしかつけず、しかも結婚退職が慣例。組織において競争するメンバーとすら見なされていませんでした。

男性は男性であるというだけで、女性より能力が多少低くても、自動的にリーダー的存在になれた時代が長く続きました。

旧来の成功条件2 都市に住んでいるか、地方に住んでいるか
↓都市に住んでいる

東京や大阪などの都市部に圧倒的に資本が集中し、日本の一流企業だけでなく、世界の一流企業が本社を置くのも都市部。都市部のほうが働く場もたくさんあるので、都市部に住んでいるだけで、ビジネスのチャンスにも恵まれ、有利でした。

旧来の成功条件3　正社員か、派遣／嘱託か

↓正社員である

日本の企業は、社員が人生プランについてあまり考えずに働けるよう、終身雇用を前提とした福利厚生や健康保険、厚生年金制度で手厚い保障をしてきました。

だから、正社員になることが圧倒的に優位で、派遣社員やアルバイト、フリーランスの人は保障の枠から漏れやすく、不安定な生活を余儀なくされました。

旧来の成功条件4　若いか、年をとっているか

↓若い

若ければ、雇用の機会は広がり、年をとっている人よりも有利でした。

年をとるほど就職市場ではハンディになり、その人の経験や能力の蓄積を問わず、「35歳転職限界説」がありました。その結果、35歳を過ぎると、会社にしがみつくしかないという人が大勢いました。

旧来の成功条件5　イケメン／美人か、そうでないか
↓イケメン／美人だ

見た目の良し悪しが、いま以上に成功要因のひとつを占めていました。イケメンや美人は第一印象がいいので、就職活動でも有利に。

入社後も、日本社会は実力より馴れ合いの関係や酒宴の席で仕事をとってきたため、見栄えがする、傍らにいてうれしくなるような人が重用されました。

旧来の成功条件6　英語ができるグローバル派か、ローカル派か
↓グローバル派だ

英語が堪能というだけで労働市場における価値がぐっと上がり、グローバル社会で稼ぐことができました。

いまでこそ、「英語が話せても、仕事ができないヤツはいる」ということが周知されてきましたが、ひと昔前には帰国子女やバイリンガルというだけで有難がる傾向が、どこの組織にもありました。

旧来の成功条件7　年収が数百万円以上か、それ以下か

↓年収が数百万円以上だ

高度経済成長期やバブル期には、モノに対する憧れが強く、誰もが新製品やブランド商品に飛びつきました。女性は専業主婦が当たり前の世の中で、男性だけが家計責任を負ったので、稼ぐ男性こそが価値があると見なされていました。

以上が、旧来の日本社会で成功できるかどうかを分ける7条件だったように思います。

高度経済成長期からバブル期までの「成長社会」には、この7つの条件がすべてそろった人が、本当に仕事ができるかどうかは別として、とりあえず成功を約束されていたといえるでしょう。

要するに、「都市部に住んでいる男性で、若くてイケメンの正社員、英語も話せて、年収数百万円は稼げる大企業に入社できた人物」。

少し前までは、そういう人がかなりの確率で成功できる時代だったのです。

あなたはどの領域をめざす？――「価値観×志向」別マトリックス

ところがバブル崩壊後、「成熟社会」に入った現代では、この7条件が必ずしもすべての人や組織で通用しなくなりました。人々の生き方や価値観は多様化しており、「都会のホワイトカラー」だけが唯一の成功の象徴ではなくなっています。

前時代までは「経済的価値」を求め、「権力志向」というただひとつの領域をみんながめざしていました。しかし、めざす領域が一人ひとり異なってきたので、みんながみんな同じ7条件をクリアすれば成功するわけではなくなっているのです。

そこでこの本では、生き方や価値観が多様化した時代に人々がめざす領域を、次の2軸で総括しています。

横軸が「経済的価値（給料、年収、お金）を重視する」か「経済以外の価値（家族、友達、個人的な活動、社会貢献）を重視する」か。

縦軸が「権力（サラリーマン）志向」か「プロ（独立）志向」かです。

このマトリックスで4つの領域に分類し、それぞれのタイプに合った7つの条件を紹介していきます【図表2】。

A領域は「経済的価値を重視し、権力志向」の人。いわば「社長タイプ」です。旧来の日本社会では、この領域でトップに立つことを、みんながめざしていました。いまの時代もいなくなったわけではありません。

B領域は「経済的価値を重視し、プロ志向」の人。いわば「自営業タイプ」です。

C領域は「経済以外の価値を重視しつつ、権力志向」の人。いわば「公務員タイプ」です。

D領域は「経済以外の価値を重視し、プロ志向」の人。いわば「研究者タイプ」です。

何をもって成功と見なすか、何を幸せとするのかは人によってさまざまですが、大きく分ければ、誰もがこの4領域のどれかをめざして生きているといえるでしょう。

ある時期はA領域の「経済的価値を重視し、権力志向」だったけれど、いまはD領域の「経済以外の価値を重視し、プロ志向」に変わってきているという人もいるはずです。

生涯ただひとつの領域を突き進むのは、前時代のビジネスパーソンの生き方。

いまは社会が変化するスピードが速く、自分を取り巻く状況がどんどん変わっていくので、生き方が柔軟に変わっていくのは当たり前のことです。

まず、いま自分はどの領域のどのあたりの位置（ポジション）にいて、どちら向きのベクトル

［図表2］あなたはどのタイプ？
――4つの領域のマトリックス

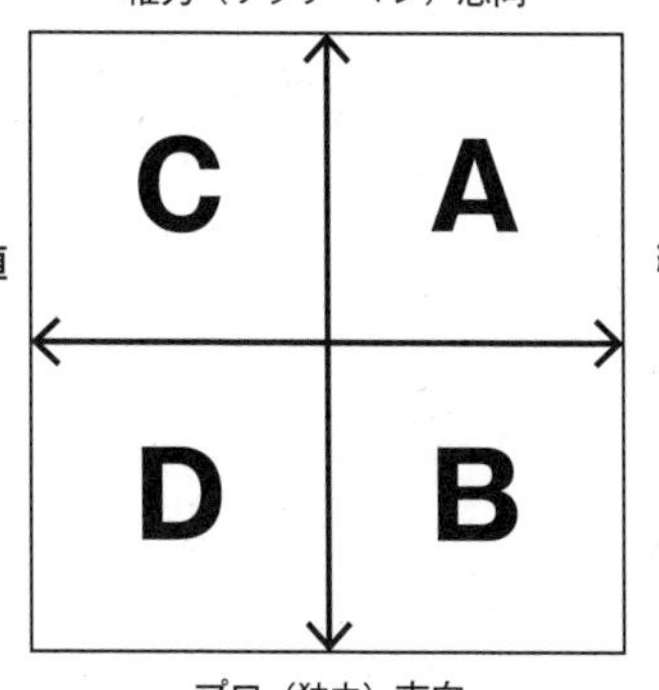

（方向）で働いているのか、それを見極めてください。そのうえで、A領域、B領域、C領域、D領域において、1％の人になるための7条件をクリアしていってください。

どの領域をめざすかによって、やるべきこと、やってはいけないことは異なります。B領域をめざすならやってはいけない条件も、C領域をめざすなら率先してやるべき条件だったりします。

前時代のように、みんなが同じ条件で競争するのではなく、自分の「価値観×志向」に合った領域で必要とされることを、ひとつずつクリアしていけばいいのです。

ひとつの分野で「1万人に1人」、「100万人に1人」になるのは至難の業

もし20代のうちに、ある分野で「100人に1人」になれたなら、30代でもうひとつの分野に挑戦して、2つの分野で「100人に1人」をめざしましょう。

それができたら、40代でまた別の分野に挑戦して、3つの分野で「100人に1人」をめざします。

ひとつの分野でプロになったら、そのままその分野を極めていくより、別の分野にスライドして、複数の分野でプロになる——。

それこそが、グローバル・スーパーエリート以外の一般ビジネスパーソンが生きる道だと私は思います。

なぜなら、あるひとつの分野で「100人に1人」になったあと、さらに「1万人に1人」「100万人に1人」をめざすのは非常に厳しい道のりだからです。

「100人に1人」までは誰でも1万時間を投じればなれます（1万時間の理由は第2章で述べます）が、高い頂点をめざすほど世界レベルの強者がひしめいていて、熾烈な競争になっていきます。

ある分野で「1万人に1人」になるには、その陰に9999人の敗者がいるわけで、競争を勝ち抜く努力を続けることは非常にリスクが高い。その上の「100万人に1

人」となると、99万9999人と戦って、勝ち抜いていかなくてはなりません。

たとえば、オリンピックでメダルをとるのがいかに大変かを考えてみましょう。

1世代で3大会に出場できるとして、2004年のアテネオリンピックから2012年のロンドンオリンピックまで夏季オリンピックの金メダリストは30人、銀メダリストは21人、銅メダリストは34人、合計85人（ただし個人競技でメダル1個を1人と数えた場合）です。

日本の生産年齢人口（15歳以上、65歳未満）は約8000万人なので（総務省「労働力調査」2012年）、およそ「1000万人に1人」つまり「0・000001％」の確率です。

ノーベル賞でいえば、日本人でここ10年間のノーベル賞受賞者は7人なので、およそ「1000万人に1人」で「0・0000001％」の確率になります。

あなたはこれから体操の分野でがんばって、内村航平選手になれるでしょうか？　内村選手は両親も妹も体操選手という体操一家に育ち、3歳から体操を始めて「100万人に1人」の人になりました。

いまから始めて追いつけるのなら始めたほうがいいですが、ほとんどの人は追いつける可能性は低いでしょう。

あなたはこれからｉＰＳ細胞の分野で努力して、山中伸弥教授になれるでしょうか？

なれるのだったら、迷うことなく、その道を突き進んでください。

しかし、山中教授でさえも、途中で何度も挫折しかけて、努力がなかなか報われませんでした。それでも努力しつづけた末の「１０００万人に１人」なのです。

2つの分野で「1万人に1人」、3つの分野で「100万人に1人」ならなれる

つまり、普通の人が「１００万人に１人」「１０００万人に１人」の人間になろうとしたら、何か別の作戦が必要になってくるということです。

このとき、ぜひ考えてほしいのは、「１００人に１人」なら誰でも努力すればなれるということ。だったら、ひとつの分野ではなく、２つ、３つ、異なる分野で「１００人に１人」になり、あとは分野そのものを掛け合わせればいいというのがポイントです。

20代のうちにある分野で「１００人に１人」になったら、30代では別の分野で「１００人に１人」になる。そうすると、「１００分の１」×「１００分の１」＝「１万人に１人」の希少性を獲得することができます。

　さらに40代でもうひとつの分野で「１００人に１人」になると、今度は「１００分の１」×「１００分の１」×「１００分の１」＝「１００万人に１人」と同じだけの**超レアな人**になることができるのです。

「１００万人に１人」というのは、先ほども計算したようにオリンピックのメダリスト級の存在です。

　同じくらい超レアな人なのに、メダリストになるよりも、３つの分野でそれぞれ「１００人に１人」になるほうが、はるかに難易度は低い。３つの分野にそれぞれ１万時間ずつ、時間と労力をかけさえすればいいのですから。

　グローバル・スーパーエリート以外の人は、掛け算によって、よりレアな人になる作戦でいきましょう。私自身も20代、30代で「営業」「プレゼン」の２分野にそれぞれ１万時間かけて「１万人に１人」になるという道を歩んできました。

　47歳から52歳までの5年間は、１日10時間以上、杉並区立和田中学校の校長として「教育」のことだけを考えていましたから、やはり１万時間を費やしました。

　つまり、私は「営業」「プレゼン」「教育」の３分野で「１００人に１人」の人になることができたので、結果として、その３つを掛け合わせて「１００万人に１人」になることができたのです。

掛け算すれば必ず食える

複数の分野を掛け合わせてレアな人になればなるほど、食べていける確率も高くなります。「100人に1人」というのは、そのスタートラインだと考えてください。プロとして名乗っていいというレベルです。

「100人に1人」は**雑居ビルに1人**のイメージ。「1万人に1人」は**町に1人**のイメージ。「100万人に1人」は**世代に1人**のイメージです。

たとえば、お笑い芸人の競争は非常に激しいので、「100人に1人」のレベルでは、お笑い一本で食べていくのは厳しいかもしれません。明石家さんまさんのような「100万人に1人」「1000万人に1人」の才能をもった人と同じ土俵で戦わなければいけないからです。

同じように、美容師の世界も競争が激しく、「100人に1人」のレベルでは独立してずっと食べていくのは難しいかもしれません。表参道で「カリスマ美容師」と呼ばれるには、「100万人に1人」になる必要があります。

しかし、「100人に1人」のお笑いレベルの面白さの人が、修業を積んで「100人に1人」の美容師になれば、「お笑い美容師」という新機軸を打ち出すことができます。

このレアさは「100人に1人」×「100人に1人」＝「1万人に1人」。**町に1人**しかいない「お笑い美容師」ならば、お客様はきっとやってくるでしょう。掛け算することで、「地域一番店」をめざせばいいのです。

ほかにも、「ツアーコンダクター」と「ペット」という掛け合わせも考えられます。旅行会社でツアーコンダクターを10年経験し、「100人に1人」のツアーコンダクターになっても、それだけで独立して食べていくのは簡単ではありません。

そこで、自分が好きなペットの分野にスライドし、ブリーダーや盲導犬訓練士にチャレンジして、「100人に1人」の犬のプロになるのです。

そうすれば、「犬連れツアコン」という新ビジネスを立ち上げることも可能になります。

「1万人に1人」の「犬連れツアコン」は、もし仮にライバルがいたとしても非常に少ないでしょう。にもかかわらず、ペットの犬を連れて旅行したい人は世の中に大勢いるわけなので、必ず食べていけると思います。これからの「成熟社会」は一人ひとりが孤独になるので、孤独対策としてペットを飼う人がまだまだ増えるからです。

いま紹介した「犬連れツアコン」も、冗談ではなく、私は本当に将来性があると考えています。

いずれにせよ、まずはひとつの分野で、「100人に1人」の1%の人になることがスタートラインです。そこからすべてが始まります。

この本を読んで、A領域、B領域、C領域、D領域において、ぜひ7つの条件をクリアして、**絶対稼げるレアな人**になってください。

序章

すべての人に共通する3つの条件

まずは3条件をクリアして「8分の1」の人になれ!

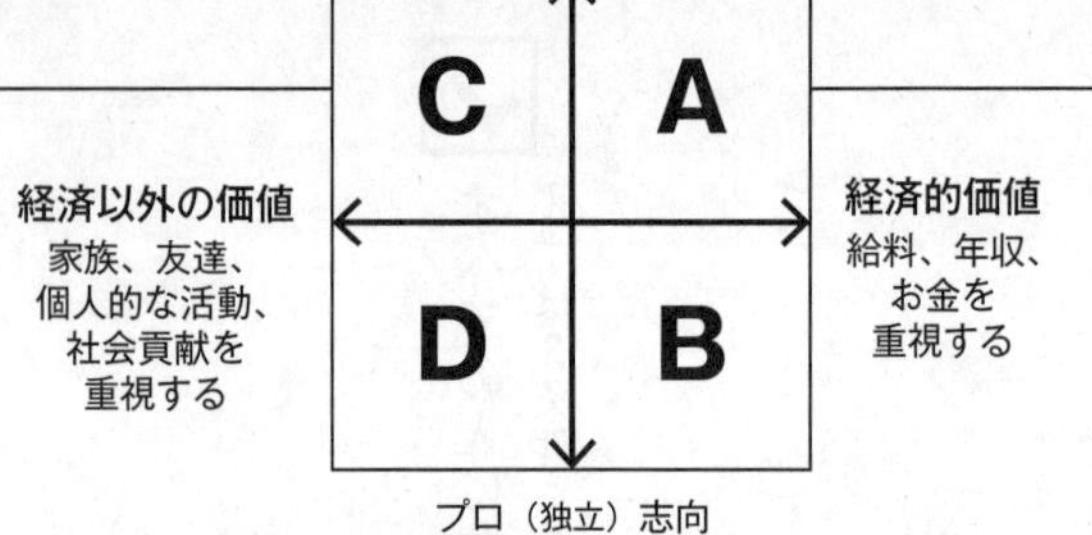

［条件 3］本を月 1 冊以上読むか、読まないか

▶マネジメントして得た時間を、まずは読書に投資する

▶本を読まない人は一次情報でしか語れない

▶「情報処理力」より「情報編集力」で教養を身につける

［条件 2］ケータイゲームを電車の中で日常的にするか、しないか

▶あなたが人事担当者なら、電車でケータイゲームに没頭する人を採用しますか?

▶ケータイゲームにはまる人は、メディアを主体的にコントロールできない

［条件 1］パチンコをするか、しないか

▶平日の朝からパチンコ店に並ぶ人に違和感を覚えませんか?

▶競馬や麻雀なら頭を使う

▶ポイントは、時間をマネジメントする発想があるかどうか

4つの領域に共通する3条件

「経済的価値を重視し、権力志向」の社長タイプ（A領域）
「経済的価値を重視し、プロ志向」の自営業タイプ（B領域）
「経済以外の価値を重視しつつ、権力志向」の公務員タイプ（C領域）
「経済以外の価値を重視し、プロ志向」の研究者タイプ（D領域）

この４つの領域で「１００人に１人」の１％の人をめざすわけですが、そのための最初の３条件はすべて同じです。この最低限の３条件をクリアすることが、まずは「８分の１」のレアな人になるためのパスポートとなります。

もし、あなたがこの時点で3条件をクリアできない「８分の７」の人ならば、厳しい言い方になりますが、ここから先を読んでいただいてもムダになってしまいます。

それくらい、最初に紹介する3条件は最低限のレベルです。

ぜひ3条件をクリアして、それぞれの領域を突き進んでいくための土俵に、まずは上がってください。

条件1　パチンコをするか、しないか
↓パチンコをしない人になれ！

平日の朝からパチンコ店に並ぶ人に違和感を覚えませんか？

パチンコをする習慣のある人は、厳しい言い方ですが、社会全体の「2分の1」の人になることもできないと私は思います。

「パチンコのいったい何が悪いんだ？」と思われるかもしれません。

学生のころ、暇な時間を持て余して、少しやっていたぐらいなら問題ありません。しかし、社会人になってからもパチンコを日常的にやっているようなら、それは多かれ少なかれ「ギャンブル依存症」、もしくはその予備軍だといわれても仕方ないでしょう。

そのギャンブル癖は、おそらくパチンコ以外のギャンブルにも出てきます。果ては友人から借金をしたり踏み倒したりするなど、人間関係に悪影響を及ぼす危険も十分

にあります。

平日の朝9時ごろに街中を歩いていると、パチンコ店の前に並んでいる人が少なからずいますね。

もしもあなたが人事の採用担当者だったら、朝からパチンコ店に並んでいる人を採用したいと思うでしょうか？

競馬や麻雀なら頭を使う

これが競馬や麻雀ならば、かなり頭を使うでしょうから、ここまでいいはしません。

競馬は、詳しい人になると、馬の血統を何世代も前までさかのぼって調べ上げ、パドックでは馬の尻や毛艶を観察したりして、今日のレースで勝てるかどうかを多角的に判断します。

麻雀も非常に知的なゲームです。お年寄りの方には、麻雀は指を使った脳への刺激になるので、むしろおすすめしたいぐらいです。

しかし、パチンコが知的なゲームだとはいえないでしょう。

百歩譲って、昔のパチンコは少し違いました。釘目を読んで、どこにどう玉を当てれば、どう入っていくかを推測し、釘師との真っ向勝負という側面がありました。そこには知的な要素があったといえるかもしれません。

しかし、いまのパチンコは、電動で玉をはじくだけです。ただひたすら目がそろうのを座ってじっと待ち、一喜一憂するだけ。ギャンブルでしかない。

私のヨーロッパでの体験も少しお話ししておきましょう。

ヨーロッパはいまでも、支配層と被支配層がはっきり分かれている階級社会です。階級社会で支配層が考えることといえば、被支配層に安い賃金でも文句をいわず働いてもらうために、小銭を稼がせてギャンブルでストレスを発散させながら、生活費以外のお金は早めに使わせようということ。だから、週単位で賃金を払い、その週のうちにお金を使わせようとします。

そのための罠として存在するのが、ベッティングオフィスです。

ベッティングオフィスとは、スポーツの試合の勝敗をはじめ、ありとあらゆる賭け事ができるレジャー施設のこと。駅前に日本のパチンコ店のような感じで建っていて、主に労働者階級の人が小銭を賭けて楽しんでいます。

それは支配層の思惑どおりの姿です。ギャンブルを、国家のシステムの中で最下層に位置する人たちのガス抜きとして機能させているのです。

日本も、ヨーロッパと同じように「成熟社会」に入りました。日本の「成長社会」

は山一證券が倒産した1997年に完全に終わり、1998年から「成熟社会」に入ったというのが私の持論です。

それから階層がはっきり分かれるようになり、パチンコ族は、イギリスで駅前のベッティングオフィスに入りびたっている人々と同様に、あえて被支配層に甘んじているように見えます。

つまり、あなたがパチンコをしないというだけで、すでに同じような支配を受けてはいないといえるのです。

ポイントは、時間をマネジメントする発想があるかどうか

では、パチンコ族とパチンコをしない人は、いったい何が違うのでしょうか。

時間をマネジメントする発想があるかどうかです。

パチンコ族は時間を非生産的なことに使っても平気で、時間に対するマネジメント感覚が乏しいといわざるを得ません。

経済が右肩上がりで伸びていくような「成長社会」では、市場全体が拡大していきました。だから、時間をムダにしているパチンコ族でも、それなりに働いてさえいれば、社会全体の利益のおこぼれにあずかることができた。

しかし、「成熟社会」では市場全体が縮小していくので、おこぼれにあずかれる余裕など、どこにもありません。

時間のマネジメントができない人は、できる人に比べて、時間あたりに出せる付加価値が少ないので、真っ先に労働市場から淘汰されます。

時間はどんな人にも平等に24時間与えられていて、かつ有限な資源です。

資源にはお金や人脈もありますが、それらの資源は最初からもっている人ともっていない人に差があります。なくなっても、また増やすことができる資源でもあります。

しかし、時間だけは違います。万人に平等に与えられ、なくなったら二度と増やすことができない資源。

その貴重な時間を主体的にマネジメントし、高い付加価値を生み出せる人でないと、これからの時代は生き残っていけません。

条件2　ケータイゲームを電車の中で日常的にするか、しないか
↓ケータイゲームを電車の中でしない人になれ！

あなたが人事担当者なら、電車でケータイゲームに没頭する人を採用しますか？

電車の中でずっとケータイゲームをしている人がいます。

これもパチンコと同じで、時間のあるときに少し遊ぶぐらいなら問題ないと思います。

しかし、毎日のように電車に乗っている間中、立っていようが座っていようが、延々とピコピコやりつづけている人を見かけます。

これも立派な「ケータイゲーム依存症」、もしくはその予備軍の姿でしょう。

もしもあなたが人事の採用担当者なら、パチンコ族同様、あまり採用したくないのではないでしょうか。

たとえば、あなたが電車のつり革につかまって立っていて、目の前に3人、若者が座っていたとします。1人は「パチンコ必勝法」の雑誌を読んでいる男性、1人はケータイゲームに没頭している男性、1人は文庫本を読んでいる女性とします。

採用担当者なら、たぶんあなたは、文庫本を読んでいる女性を採用するはずです。

ケータイゲーム依存症の人も、やはり時間に対するマネジメント感覚が欠落しているといわざるを得ません。

頭も使わず、せいぜい反射神経で指を動かしているだけ。認知症対策にはいくらか効果があるかもしれませんが、はたして自分の部下にしたいタイプでしょうか。

電車の中で、音楽を聴いたり、居眠りしている人はいいのです。もちろん、ゲームでちょっと気分転換するのもいい。それは英気を養う行為のひとつ。短い時間でもリラックスし、疲れをとる技を身につけることは、むしろビジネスパーソンには必須です。

しかし、ケータイゲーム依存症の人は、現実から逃避することに膨大な時間を投じ、仕事や睡眠の時間さえ削ってしまっている。

これは危険です。

ケータイゲームにはまる人は、メディアを主体的にコントロールできない

もう一点、私がケータイゲーム依存症の人に対して、ビジネスパーソンとして問題だと考える点があります。

ギャンブル依存症の人は、支配層の術中にはまって、知らず知らずのうちに憂さ晴らしをさせられ、安月給でこき使われてしまうわけですが、同じようにケータイゲーム依存症の人も、携帯電話やゲーム会社、マーケッターの術中にはまって自分をコントロールできなくなっています。

つまり、どちらもメディアを主体的に使いこなすことができない。それどころか、メディアに使われてしまっている自分を自覚さえできていないことが問題です。

そういう人は、おそらく仕事にも主体的に取り組むことができません。いつも流行に乗せられ、それを後追いするだけで終わってしまう。

自分が主体的に流行をつくり、人々を夢中にするサービスを提供する側には回れません。第一、ゲームのしすぎで、アイデアをじっくり考える時間もないでしょう。

電車の中でゲーム依存症になっている若者を見るたびに、私は「ああ、もったいないなあ」と感じます。貴重な時間と可能性が目の前でムダ使いされているからです。

その時間を、たとえば電車内の中づり広告などを眺めて、世の中で何が起きているのかを考察することにあてれば、ビジネスパーソンとして合格なのですが。

ケータイゲームの電車内依存症者は、それを文庫本に持ち換える努力をしましょう。そして、電車を降りたら顔を上げて、リアルなビジネスのゲームに参戦してください。

条件3　本を月1冊以上読むか、読まないか
→本を月1冊以上読む人になれ！

マネジメントして得た時間を、まずは読書に投資する

本書を読んでいる人は、今月、何冊目の本でしょうか？　先月は何冊読みましたか？「1冊以上」という人は、おめでとうございます！

あなたは「100人に1人」になる最低限の3条件をクリアできました。この段階で、「8分の1」の人になっています。

周囲の人を見回してみてください。

パチンコ族やケータイゲーム依存症の人、本をまったく読まない人はいませんか？その人たちよりも、確実に生き残れる、食べていける確率が高いといえます。

「月に1冊も本を読まない」という人は、まずは「月に1冊以上」を目標にして読書を始めましょう。

条件1（パチンコをしない）と条件2（ケータイゲームを電車の中で日常的にしない）で、「成熟社会」では時間に対するマネジメント感覚が不可欠だと述べました。

条件3は、そうやってマネジメントして得た時間をどこに投資するかです。

まずは読書に投資すべきでしょう。なぜなら、「成熟社会」では、教養の差こそが競争の差別化要因としてますます重要になってくるからです。

「成熟社会」というのは、「みんな一緒」から「それぞれ一人ひとり」になるということ。全員に共通する価値観が減っていき、バラバラの個人がそれぞれの人生を模索していきます。

多様で細分化された価値観をもつ個人同士が一緒に仕事をしてコミュニケーションする場合、普段、どれだけ幅広く本を読んでいるかいないかで、教養の差が出てしまいます。

教養があるほど、相手に対する理解度が深まり、相手に与える自分の情報も豊かになる。たとえ外国人と英語で話すとしても、教養の有無は英語ににじみ出るものです。

本を読まない人は一次情報でしか語れない

普段、本を読まない人は一次情報、つまり自分の限られた特殊な体験しか話すことができません。「自分は○○した」「自分は○○という話を聞いた」ということばかりです。

よほど波瀾万丈な人生を送っている人でないかぎり、自分の体験しか話せないようでは、楽しく豊かな会話はできないでしょう。相手が教養の高い人だと、話に合わせることさえできない。ただ頷くばかりでは、相手に中身のなさがバレてしまいます。

いっぽう、テレビや新聞、インターネットなど第三者を介した二次情報は断片的になりやすく、情報を体系的、重層的につなげるのは難しいものです。

テレビやネットを眺めているだけでも情報は大量に入ってきますが、受け売りの世論を話すだけでは、相手にリスペクトされません。

たしかに本も二次情報です。しかし、テレビや新聞、インターネットなどの情報よりも、はるかに体系的にまとまったものが多いといえます。

もちろん、本にもよりますが、あるテーマで著者が人生のかなりの時間をかけて獲得したことが、1冊の本の中に時間をかけて書かれています。

そうした本を数多く読むことで、世の中の断片的な情報をタテ・ヨコ・ナナメにつなげていけるようになるのです。

「情報処理力」より「情報編集力」で教養を身につける

私は、情報と情報をつなげる力のことを「情報編集力」と呼んでいます。

この力がないと、豊かな教養を身につけることができません。

一方、情報をたんに処理する力のことを「情報処理力」と呼んでいます。20世紀までは、情報を速く正確に処理できる「情報処理力」の高い人が重宝がられましたが、いまはＡＩやロボットのほうがよほど速く正確に処理してくれます。情報をたんに集めてそのまま発信するだけの人間は「教養がない」と見なされ、相手にされなくなっていく。

豊かな教養は、多様で細分化された価値観をもった「それぞれ一人ひとり」の相手と深い人間関係を築き、いい仕事をしていくうえでの強力な武器になるのです。その武器を磨くために、まずは月に1冊以上、本を読む習慣をつけましょう。慣れてきたらペースを上げていき、週1冊をめざします。週1冊のペースなら、年間約50冊、読むことができます。

こうした蓄積が「情報編集力」の土台となっていくのです。「情報編集力」によってオリジナルな考えや価値を外に発信できる人間にならないと、これから生き残るのは容易ではありません。

ここまでの最低3条件をクリアできた人は、「8分の1」の人。ほぼ「10人に1人」の希少性をもっています。

ここからは、自分の「価値観×志向」によって、マトリックスのA、B、C、Dの4領域から、自分に合ったものを選択して進んでください。

その中で「100人に1人」のレアな人になるための4条件をクリアしていきましょう。

第1章

A 経済的価値×権力志向→社長タイプ

「力」を求める人の4つの条件

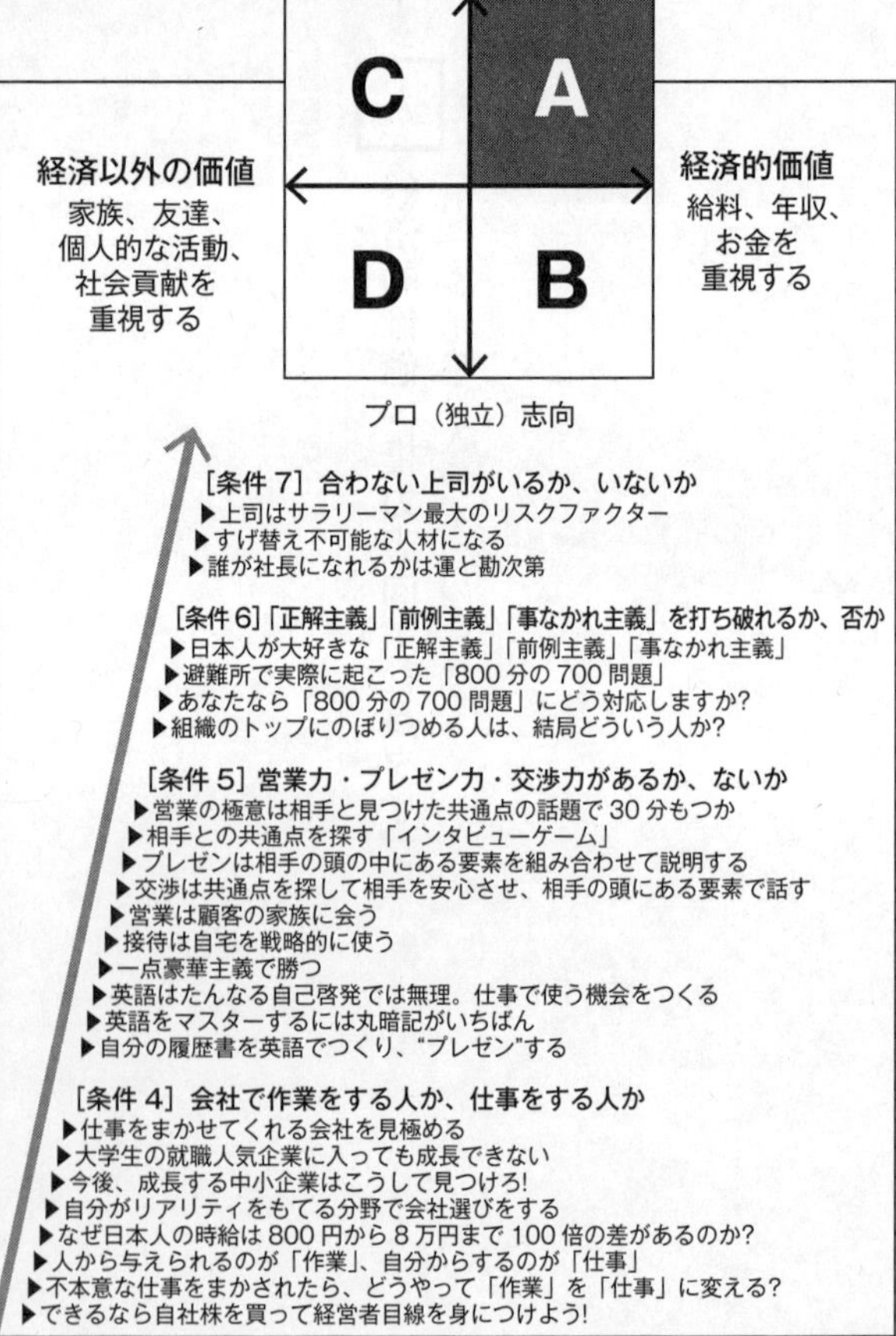

権力（サラリーマン）志向
C
A
経済以外の価値
家族、友達、
個人的な活動、
社会貢献を
重視する
経済的価値
給料、年収、
お金を
重視する
D
B
プロ（独立）志向
[条件 7] 合わない上司がいるか、いないか
▶上司はサラリーマン最大のリスクファクター
▶すげ替え不可能な人材になる
▶誰が社長になれるかは運と勘次第
[条件 6]「正解主義」「前例主義」「事なかれ主義」を打ち破れるか、否か
▶日本人が大好きな「正解主義」「前例主義」「事なかれ主義」
▶避難所で実際に起こった「800 分の 700 問題」
▶あなたなら「800 分の 700 問題」にどう対応しますか?
▶組織のトップにのぼりつめる人は、結局どういう人か?
[条件 5] 営業力・プレゼン力・交渉力があるか、ないか
▶営業の極意は相手と見つけた共通点の話題で 30 分もつか
▶相手との共通点を探す「インタビューゲーム」
▶プレゼンは相手の頭の中にある要素を組み合わせて説明する
▶交渉は共通点を探して相手を安心させ、相手の頭にある要素で話す
▶営業は顧客の家族に会う
▶接待は自宅を戦略的に使う
▶一点豪華主義で勝つ
▶英語はたんなる自己啓発では無理。仕事で使う機会をつくる
▶英語をマスターするには丸暗記がいちばん
▶自分の履歴書を英語でつくり、"プレゼン"する
[条件 4] 会社で作業をする人か、仕事をする人か
▶仕事をまかせてくれる会社を見極める
▶大学生の就職人気企業に入っても成長できない
▶今後、成長する中小企業はこうして見つけろ!
▶自分がリアリティをもてる分野で会社選びをする
▶なぜ日本人の時給は 800 円から 8 万円まで 100 倍の差があるのか?
▶人から与えられるのが「作業」、自分からするのが「仕事」
▶不本意な仕事をまかされたら、どうやって「作業」を「仕事」に変える?
▶できるなら自社株を買って経営者目線を身につけよう!

Ａ領域は、「経済的価値」を重視し「権力志向」がある、いわば「社長タイプ」の人です。

組織での役割としての仕事を人生の中心に置き、会社組織で出世することをめざす、一言でいえば、「力」を求めるタイプの人です。

高度経済成長時代（成長社会）には、日本中のサラリーマンが、一流企業に入って組織のピラミッドを上がろうと奮闘しました。

やはり会社でトップになるのは魅力的。お金と地位を得たいと考えているあなたへ。

さっそくＡ領域で、１％の人になるための条件を４つ示しましょう。

条件4　会社で作業をする人か、仕事をする人か
↓会社で仕事をする人になれ！

仕事をまかせてくれる会社を見極める
――社員数が100～1000人程度が狙い目

A領域を突き進んでいくためには、まずは会社選びが重要になります。会社の規模によって、どういう仕事をどの程度まかされるかが違ってくるからです。仕事のまかせられ方によって、成長スピードは大きく変わってきます。

私は新卒でリクルートに入り、いきなり大手企業を含めた50社の担当を先輩から引き継ぎました。

当時のリクルートは、まだ社員が100人単位のベンチャー企業。売上高は100億円台で、新人に得意先を丸ごとまかせるということも、さらにありました。

私自身、大量の仕事をこなし、かつ自分の頭で判断する必要に迫られたことで、短期間に仕事の能力が鍛えられました。

ひとつの大きな仕事、あるいは得意先の仕事を丸ごとひとりの人間にまかせるような会社に入ると、そうでない場合に比べて、ビジネスパーソンとして飛躍的に成長す

ることができます。

私の実体験からも、あるいはさまざまな企業を見ていても、社員数が100～1000人程度で、中小企業の段階を少し抜け出て、ちょうどシステムができようとしているぐらいの会社に入ると、いちばん成長できるように感じます。

リクルートがベンチャーからだんだん変わっていき、「大企業になってきたなあ」と感じたのは、社員数が1000人を超えたころでした。

おそらく社員数が1万人規模の大企業に入ってしまうと、仕事の分業が進み、業務が固定化してしまうので、若いうちから大きな仕事をまかされることはなくなってしまうでしょう。


大学生の就職人気企業に入っても成長できない

にもかかわらず、日本の大学生は相変わらず大企業に入りたがります。

2021年卒の大学生による「人気企業ランキング」を見てみると、文系・理系、男子・女子を総合したランキング（出所：キャリタス就活）は**［図表3］**のとおりです。

もうすでにシステムが出来上がって久しい巨大企業ばかり並んでいますよね。大学生はテレビや新聞でよく見る大企業しか知らないので、就職活動のときにどうしても

［図表3］2021年卒の就活生が選ぶ人気企業ランキング（総合）

順位	企業名	ポイント
1位	東京海上日動火災保険	2158
2位	損害保険ジャパン	2156
3位	伊藤忠商事	1870
4位	三井住友海上火災保険	1712
5位	日本航空（JAL）	1616
6位	全日本空輸（ANA）	1580
7位	ソニー	1439
8位	三菱商事	1438
9位	サントリーグループ	1379
10位	トヨタ自動車	1369

大企業や財閥系ばかりに殺到するのでしょう。

しかし、運よく大企業に入れたとしても、自分自身はあまりスピーディーに成長できないかもしれないことを知っておくべきです。

決まったレールがきっちりと敷かれ、どういう人材にどんなローテーションで何をさせるかも決まっている。大きな仕事を丸ごとまかせてもらえるようになるには、何年もかかるでしょう。

また、成長期をとうに過ぎた成熟産業では、チャレンジできる環境も機会も限られるので、人はなかなか伸びません。

私たちの能力は置かれた環境によって影響されるので、自己啓発で成長するには限界があるのです。

今後、成長する中小企業はこうして見つけろ！

では、社員100〜1000人規模で、今後、成長していくような中小企業をどうやって探せばいいのか。

「成熟社会」といっても、すべての会社の成長が止まるわけではなく、成長分野は必ずあります。そして、それは古い産業の隙間にたくさん出てきます。その壮大な入れ替え戦が、ひっきりなしに行われているのです。

したがって、入れ替わられる側の会社ではなく、入れ替えによって拡大していく会社に入ることが重要です。

たとえば、すぐに思い浮かぶ企業でいうと、アイリスオーヤマのような会社。

同社は、もともとはプラスチック加工業でしたが、時代の変化に応じてイノベーションを起こし、ビジネスモデルを柔軟に変えては急成長を続けています。

あるとき、社長のお子さんが犬を飼いはじめて、社長が犬小屋を買おうといろいろと調べたそうです。すると、木材のキットを自分で組み立てるような商品しかなかった。雨が降ったら、犬も小屋の中もずぶ濡れになってしまい、衛生的でない。

そこで、自社のプラスチック加工技術を使って犬小屋をつくったところ、大ヒットした。そこからペット用品に進出して、いまや介護、園芸、家電の分野にまで拡大。業績は右肩上がりで伸びています。

このような企業は、探せば、ほかにもまだまだあるはずです。

大学生は自分の〝大学の偏差値〟を、そのまま〝就職先の偏差値〟と直結させてしまう傾向があります。「自分の大学だと、各業界のトップに入るのは無理だな。二番目も無理そうだから、三番目以下を重点的に受けよう」といった感じになってしまう。だからといって、ベンチャーから探すとなると、楽天やサイバーエージェントなど超の付く有名企業しか知らない。そんな学生がほとんどです。

しかし、大学生が知っているようなベンチャーは、もはやベンチャーの域をとっくに超えて、システムが出来上がろうという段階に入った会社でしょう。そのようなベンチャーは今後、業績が10倍になることはあっても、100倍になることはまれです。

いっぽう、システム化がまだ行われていないベンチャーの中には、気合いと根性だけでやっているような「ブラック企業」も少なくありません。売上高が1億円に満たないような会社は、私はまだ会社とは呼べないと思います。

1億円から100億円規模で伸び盛りの会社を探すのが、ビジネスパーソンとしていちばん成長できる近道ではないでしょうか。

自分がリアリティをもてる分野で会社選びをする

私自身の経験からいっても、学生時代にいろいろな会社でアルバイトをしてみることは、会社選びに非常に役に立ちます。

少なくとも10種類以上の仕事をしてみると、会社の相場観がつくでしょう。自分とその会社の波長が合うかどうかがわかり、業績が伸びていくかどうかも、なんとなく感じるようになります。

私は大学3年生の秋には卒業単位取得のメドがついていたので、早く社会に出たくてたまりませんでした。そこで、早々に就職活動を始めて、大学4年生の4月から1年繰り上げで入社できる会社を探しました。

大企業で自分が埋もれてしまうのが怖かったので、少数精鋭のコンサルティング会社で働きたいと考え、当時、新卒を採用しはじめたばかりのボストン コンサルティンググループの会社案内を読み、採用担当者に会いに行きました。しかし、「卒業してからおいで」といわれ、繰り上げ入社を認めてはくれませんでした。

翌年、単位の取得が確実になると、長期の海外遊学の資金をためる目的と、仕事というものを擬似体験するために、さまざまなアルバイトを始めました。

同じ1日1万円のアルバイトでもいろいろな仕事があることを知る貴重な経験になりました。その中で、「スーツを着て、名刺をもって働いてもらうからね」といわれたのが、当時、まだ中小企業だったリクルートでした。

リクルートで2カ月間の長期アルバイトをして、私は入社を決めました。

仕事がとにかく刺激的で面白かった。年商は100億円台でしたが、成長する予感がしました。

それまでに、さまざまな会社でアルバイトをしたからこそ、学生ながら直感が働いたのだと思います。やはり自分自身の経験がないと、世間の人気ランキングや親の期待など、ほかの誰かの価値観に影響されてしまいます。

自分の相場観で、リアリティをもてる分野で会社選びをすべきです。

たとえば、コンビニやデパート、家電量販店に行って買い物をしたら、その商品はどういう会社がつくっているのか、関心をもってみてはどうでしょうか。犬が好きなら、犬に関する会社ばかりを探してみたりするのです。

世間がいくら財閥系やIT系の大企業を持ち上げていても、自分の心が動かなければ惑わされてはいけません。五感を総動員して、その判断を信じるべきです。

なぜ日本人の時給は800円から8万円まで100倍の差があるのか？

会社組織において、「経済的価値」を求めるということは、とりもなおさず年収を上げるということ。

A領域をめざすのなら、どうすれば年収が上がるか、そのカラクリを理解しないといけません。

年収を上げるために必要なのは、自分の希少性を高めることです。

わかりやすい指標として、日本人の時給について考えてみましょう。

コンビニやファストフード店でアルバイトをすると、時給は800～1000円くらいですよね。

サラリーマンの時給は、平社員から取締役までで、だいたい2000～5000円。

医者や弁護士などの高度な専門技術をもった人なら1万～3万円で、マッキンゼーのシニアコンサルタントの時給は8万円ぐらいです。

つまり、日本人全体の時給には、800円～8万円までの幅があるということ。

この100倍の差は、いったいどこから生まれるのでしょうか。

それは希少性によって決まります。要するにレアな人かどうかなのです。

ハンバーガー店のアルバイトができる人は、世の中にたくさんいるでしょう。平社員の仕事ができる人も大勢います。

その数に比べて、取締役の判断ができる人は少ない。医者や弁護士の知識や技術のある人となると、もっと少なくなります。

世界の一流企業の経営者にアドバイスができるほどのコンサルタントとなると、さらにレアな人になります。だから、マッキンゼーのシニアコンサルタントは、最高水準の時給がもらえるのです。

これは組織においても同様です。高度な知識や技術をもっている人、替えがきかない人ほど出世していき、年収が上がっていきます。

ただし、日本企業の場合、まだまだ年功序列的な風土も残っており、勤続年数が長いから、高度な知識や技術を蓄積しているだろうと見なされる面もあります。

しかし、実力が伴わない人を出世させるほど、いまのビジネス環境は甘くありません。いずれそういう傾向はなくなっていくでしょうし、なくさない企業は消えていくはず。

A領域をめざすのであれば、経験を積んで能力を高め、自分にしかできない仕事があるという希少性をしっかりと提供していく。

この王道を邁進してください。

A領域でレアな人になる、すなわち会社にとって替えのきかない希少性のある人材になるには、仕事に取り組むマインドを根本から変える必要があります。

一言でいえば、「作業」する人ではなく「仕事」をする人にならなくてはいけないということ。

人から与えられるのが「作業」、自分からするのが「仕事」

簡単にいうと、人から与えられるのが「作業」で、自分からするのが「仕事」です。

会社に入ったばかりの新入社員は、先輩や上司から命じられたことを、ただひたすらこなすだけになりがちですが、それは「仕事」というより「作業」に近い。

そのようなマインドで日々を過ごしていると、いつまでたっても組織のピラミッドを上がっていくことはできません。「作業」をいくら続けても、能力も希少性も高まりません。会社に使い倒されて終わってしまいます。

「作業」か「仕事」かは、やることの中身によって決まるわけでは必ずしもありません。同じことをするにしても、自分から主体的に取り組めば、どんな「作業」でも「仕事」に変えていくことができます。

大きな会社であるほど分業化が進んでいるので、大きなプロジェクトのほんの一部をひとりの社員が担当するのが常になります。

この与えられた一部の「作業」を、プロジェクトの全体像から捉えて、自分なりに「仕事」に変えていく。それをするかしないか、こういうマインドをもって日々の業務に取り組めるかどうかで、成長のスピードや仕事の質は大きく変わってきます。

不本意な仕事をまかされたら、どうやって「作業」を「仕事」に変える?

たとえば、あなたがデザイナーとして、自動車メーカーに入社したとしましょう。車全体のデザインをさせてくれるのかと思ったら、ある車種のバックミラーのデザインだけをまかされました。

このとき、「なんだ、バックミラーだけか」と愚痴って、バックミラーだけを見てデザインしてはダメ。それだと「作業」で終わってしまいます。いずれ自分が車全体をデザインすることを想定し、「仕事」に変えていくのです。

車全体のデザインを想定すると、「フェンダーミラーだったらどうデザインするのか」「ドアミラーだったらどうか」「ヘッドランプとの関係性をどうデザインするのか」というような、ほかのデザイナーの仕事もつながりとしてよく見て学ぶようになります。

車全体のコンセプトを知る必要も出てくるので、自分から上司や先輩に働きかけて、全体のデザインコンセプトを聞くようにもなります。自社だけでなく競合他社や外車のデザインも知りたくなってくるはずです。

さらには、いまの車だけでなく、歴史をさかのぼって車のデザインを学びたくもなるでしょう。デザインという枠から飛び出し、エンジニアの領域まで踏み込んで、デザインを捉え直したくなる――。

このように全体を俯瞰して学んだうえで、バックミラーのデザインに何が求められるのかを考えてデザインすれば、それは「作業」ではなく「仕事」になっています。

このことは、どんな職種にも当てはまります。

ファストフード店でハンバーガーやポテトを客に出すだけでも、スーパーやコンビニでレジ打ちをするだけでも、それを「作業」にするか「仕事」にするかは自分次第。自分がいずれ店長になることを考え、仕事の全体像から目の前の仕事を捉えるクセをつけます。

しなければいけない勉強が山ほど出てくると思います。それを積極的に自分に課すことで、たんなる「作業」が「仕事」に変わり、自分を飛躍的に成長させてくれます。

あなたが新入社員であっても、社長目線で会社全体を見渡す。すでにトップに立ったつもりで、目の前の仕事にのぞんでみてください。

これがA領域で1％の人になるために、まず求められるマインドセットです。

できるなら自社株を買って経営者目線を身につけよう！

たしかに、「その時点の経済的価値」という点だけを見れば、会社から与えられた「作業」を早く正確に処理しているだけでも、ある程度の給料はもらえるでしょう。

しかし、昇給賞与の伸びに自分のモチベーションが左右されるようでは、支配層に支配される側の意識のままです。A領域の人は、そんな意識では、いずれ行き詰まってしまうでしょう。

では、どうすれば俯瞰的な視点、すなわち経営者目線を身につけ、自分の「作業」を「仕事」に変えていけるのか。

その手段として私がおすすめしたいのが、自社株を購入することです。

身銭を切って自分が勤めている会社の株を買えば、自然に会社全体の業績が気になります。自分がいる部署だけでなく、他部署の業績も知りたくなる。

そして、どうしたら会社全体の業績が上がるかを考えるようにもなるでしょう。つまり、経営者目線で物事を見るクセがつくのです。

自社株の購入は、資産形成上も重要な手段です。資本主義の世界では、株をもたずに仕事をするのは損です。

会社の成長に自分が貢献して、会社の資産が増えたなら、その分け前に自分もあずからなくてはおかしい。そうでないと、結局は自分の時間を切り売りしているだけで、資本家の利益のために働かされていることになります。

ですから、もし自社株が公開されているなら、公開されている価格で買いましょう。公開されていなくても、社員持株会制度があれば購入しましょう。

私はリクルートに入社してすぐ、社員持株会で株を購入しました。

リクルートはその前年度、オイルショックの影響で初の減収減益だったので、倒産するかもしれないと噂されていたころです。先輩たちに話を聞くと、みんな「危ないからやめておいたほうがいい」といい、自社株を買う人は少数派でした。

しかし、私は逆張りの発想で親から100万円を借金し、「社員からの応募がないなら、あるだけ購入します！」と会社にいい、それで1000株買うことができました。

その後、2回ほど倒産の危機が訪れましたが、それでも私は自社株を買い増していきました。経営者の視点に立つため、そして「仕事」をするためです。

当時、年商約100億円だった会社がいまはグループ全体で1兆円以上に成長しています。100倍以上になったのですから、株の資産価値も相応に増えています。

こうした資本の論理も知らずに、サラリーマンをやるのは危険です。

よく、「社員は家族」「従業員第一主義」とお題目のように唱える経営者がいますが、それが本心かどうかは、社員持株会の制度があるかどうか、社員の持ち株比率がどのくらいかを確かめてみればわかります。

もし社員が株を買えない仕組みになっている同族経営の場合は、気をつけたほうがいい。資産の分け前がないような会社に入ることを私は絶対にすすめません。

第一、そういう会社に入ってしまったら、組織のトップにはなれません。それはA領域を突き進む人にとっては、ゴールがないのと同じです。行き止まりになっているなら、早く退場してください。

それに「従業員第一」というのであれば、社員持株会の比率が多くないのもおかしい。リクルートはかつて37％以上ありましたし、上場直前の段階でも社員持株会が13・8％（2013年3月31日現在）の筆頭株主でした。

条件5　営業力・プレゼン力・交渉力があるか、ないか
→営業力・プレゼン力・交渉力を身につけろ！

どんな仕事をするにしても、営業力がビジネスの基本になります。

お客様の心をどれだけつかめるか、どれだけ集客できるかがビジネスの成否を決める。それによって出世や昇給が決まるわけですから、A領域の人には必要不可欠なスキルです。

営業の極意――相手と見つけた共通点の話題で30分もつか

私はリクルートにいた18年間で、徹底的に営業力を鍛えました。

ここでは私が身につけた営業の極意をお伝えしたいと思います。

営業力というと、押しの一手で売り込んだり、上手なセールストークをするといったハウツーだと考えている人がいますが、まったく異なります。

営業のいちばんの基本は、相手と自分との間に、どれだけ共通点が見つけられるか。さらに、見つけた共通点の話題だけで、会話が30分もつかどうかです。

共通点の話題だけで話が30分できれば、営業はほぼ成功します。人間は自分と共通点がある人に安心感を抱き、その人から商品を買いたいと思うものだからです。

私が新人のころ、初回の顧客訪問には先輩営業マンが必ず同行し、その先輩営業マンがお客様と話をしました。

たとえば、担当者の私と課長とで訪問し、相手も担当者と課長が出てくるとすると、課長同士がしゃべって、私は横でじっと聞いていることになります。そして、課長同士の話が終わった時点で、初回の訪問が終了します。

そこで、私は帰り際に必ず担当者に、「今度、資料をお届けしたいのですが、いつがよろしいですか?」と聞くようにしていました。そして、次に訪問したときには資料なんてさっさと渡してしまい、雑談しながら担当者の個人的なことを聞き出すのです。

出身地はどこか。好きなスポーツは何か。いま何にいちばん興味があるか。子どものいる人であれば、何人いて、何歳ぐらいで、親として何に悩んでいるか――。

完全に聞き役に徹して、細かく聞き出します。

そして、自分と共通しているものがあったら、その話題で盛り上げていくのです。

相手との共通点を探す「インタビューゲーム」

この経験から編み出して、私が最近、講演やセミナーでよくやっているのが「インタビューゲーム」です。

まず参加者に2人1組になってもらい、片方がインタビュアー、片方がインタビューに答える役になってもらいます。

私が「スタート！」といったら、インタビュアーは相手の個人的な情報を徹底的に聞き出し、自分との共通点を探します。

最も手近なのは血液型。

仮にAB型とAB型だったら、10分の1×10分の1＝100分の1の確率になります。100分の1の確率でその2人が隣にいたのですから、奇跡的な出会いですよね。好きなスポーツが同じ野球だとわかれば、どの選手が好きかも聞き出します。もし同じチームの同じ選手を応援していたとなると、やはりすごい偶然。運命的な出会いかもしれません。

仮に、自分と共通点がまったくなかったとしても、人間は自分が話したいことを存分に話させてくれた相手を信用するものです。

誰でも、聞いてほしいと思っている話題がありますよね。

お客様にも、営業マンと雑談しながら、「あの話に振ってくれないかな」「もっとこの話に食いついてきてよ」と密かに待っているような話題があるものです。

たとえば、娘が受験で合格したこと、この間のゴルフでホールインワンをしたこと。そうした話を営業マンが興味津々で聞いてあげたとき、相手は「この人と取引したい」と思うのです。

これは営業に限らず、上司や部下とコミュニケーションをとるときにも有効です。相手との共通点を見つけ、その話題で30分、盛り上がる。相手が話したいことを思う存分に話させる。

これが人間関係をつくるベースになります。

プレゼンの極意――相手の頭の中にある要素を組み合わせて説明する

営業力とともにビジネスの基本となるのは、プレゼンテーション技術です。

実際のプレゼンではもちろん、ビジネス文書や会話、メールで相手に何かを伝えたいとき、プレゼン力の有無がものをいいます。

プレゼンというと、自分の頭の中にあるイメージを相手に伝えることだと勘違いしている人が大勢いますが、それはエクスプラネーション（解説）であって、プレゼンテーションではありません。

自分の頭の中にあるイメージを、起承転結のフォーマットで理路整然と述べたとしても、あるいは、パワーポイントを駆使してわかりやすい資料をつくったとしても、それと、相手の頭の中にメッセージや情報が入っていくかはまったく別問題です。

プレゼンの極意は、相手の頭の中にある要素を使って、それを組み合わせ、相手の頭の中に映写することです。

わかりやすく説明しましょう。

相手の頭の中に、「A」と「B」と「C」の要素しかなくて、自分がプレゼンしたいのは「X」の要素だとします。

ここで、「X」をそのまま解説しても相手には伝わりません。それどころか、相手は拒絶してしまう。なぜなら、人間は自分が知らないものに対して恐怖を感じるものだからです。

では、どうすればいいか。

「X」を、相手の中にある「A」と「B」と「C」の関数で伝えるのです。

たとえば、新しいシャンプー「X」をプレゼンするとします。

「X」には、これまでのシャンプーにまったくなかった成分が入っています。その成分をそのまま伝えると、相手は使うのを怖がり、拒絶してしまいます。

そこで、相手の頭の中にどんなシャンプーがあるのか、営業の手法と同じように聞き出すのです。

すると、相手がいつも使っているシャンプーが「A」、ちょっと気になっているエコロジー系のシャンプーが「B」、一度は使ってみたいと思っている高級シャンプーが「C」だとわかります。

そうしたら、「『X』は『A』と『B』と『C』を足して、3で割ったようなシャンプーです」と伝えれば、相手は安心して「X」に興味をもってくれるようになります。これは極端な例ですが、X＝f(A, B, C) には、足して3で割るだけでなく、いろいろなバリエーションが考えられます。

自分の頭の中にある要素ではなく、相手の頭の中にある要素を使ってプレゼンする。これで成功率はぐんと上がります。

この方法は自己紹介にも使えます。自己紹介は、自分をプレゼンすることのひとつ。

私の場合、かつては「リクルートのさだまさしです」、和田中の校長をしてからは「教育界のさだまさしです」といって、笑いをとるのがお決まりのパターンでした。はじめにウケると、相手との距離が近づき、自分もホッとします。

相手の頭の中にある要素を使ってプレゼンすることが秘訣なので、数多くいる有名人の中で、似ていたのがさだまさしさんでよかったと思っています。さだまさしさんにそっくりな顔に産んでくれた両親にも感謝しています（笑）。

彼は幅広い世代に愛されているので、日本で暮らすほとんどの大人には、この自分プレゼンが使えます（ただし、小学生や外国人は必ずしも彼の顔を知っているわけではないので使えませんが）。

交渉の極意――共通点を探して相手を安心させ、相手の頭にある要素で話す

交渉力も、基本は営業力、プレゼン力と同じです。

交渉というと、相手を言い負かして、自分の主張を押し通すことだと思っている人がいますが、それはまったくの誤解です。

相手の話を徹底的に聞き、共通点を探して相手に安心感を与え、相手の頭の中にある要素だけで話をする。

もしも私が交渉の時間を1時間与えられたら、55分間は相手の話を聞くことに専念して、相手の頭の中にどんな要素があるのかを探ります。

そして、「A」と「B」と「C」が相手の関心事であることがわかったら、最後の5分間で、さっと「A」と「B」と「C」を使ってプレゼンして終わりです。

プレゼンテーション同様、相手の頭の中にある要素で勝負するのが交渉なのです。

要するに、交渉力は「聞く力」だと言い換えてもいいでしょう。聞く技術を磨けば、自然に交渉力がアップします。

「きく」という言葉には、いろいろな漢字があります。「聞く」「訊く」「聴く」。「聞く」は、音や声を耳で感じ取る言葉。質問したり、他人の指示に従うという意味もあります。

質問するという意味だと、本来は「訊く」という漢字を当てます。

「聴く」は、注意して聞き取ること。

「きく」技術を高めるには、「訊いて」「聞いて」「聴く」。つまり、質問して、その答えに耳を傾け、注意深く聞き取ることに尽きます。

こうした訓練を普段からしておけば、あなたが口下手でも、主張するのが苦手でも、交渉は必ずうまくなります。

A領域の人は、交渉しなければならない機会が必ず出てきます。ぜひ「きく」達人になってください。

営業の技術――顧客の家族に会う

続いて、営業力、プレゼン力、交渉力をさらに鍛えるための、具体的なテクニックに話を移します。細かい営業のテクニックから、営業につきものの接待の仕方、そして、グローバル化が進むビジネスにおいて切っても切れない英語によるコミュニケーションの話もしましょう。

営業では、「顧客の家族の顔を見ること」が大切です。

相手の家族の一員のようになってしまえば勝ち。こういう古典的ともいえるベタベタの営業手法も、戦術のひとつとして覚えておいてください。

私は27歳で大阪に赴任し、新米の営業課長として、プレハブ住宅各社の新商品を紹介する情報誌『ハウジング』（後の『月刊ハウジング』）の立ち上げに参加しました。

そのときに大阪のベテラン営業マンから「宅訪（たくほう）」という突撃営業のノウハウを学びました。取引先の相手の自宅の住所を調べて、1月3日にお土産のエビをもって訪問するのです。自宅を訪問するから「宅訪」といいます。

会社の偉い人は、正月に部下が訪ねてくるので、1月2日や3日にはだいたい自宅にいるものです。そこを狙って、スーツを着てエビを持参して訪ねてしまうのです。

こんな営業マンがいました。

正月に取引先の部長を宅訪すると、部長はゴルフに出かけてしまっていたのです。すると、気の毒に思った家族の人が家の中に上げてくれた。酒をすすめられ、すっかり酔っぱらっているところに、部長が帰ってきた。

「お前、しょうがないなあ。そこまで飲んでいるなら、風呂でも入っていけよ」といわれて風呂に入り、そのまま泊まってしまいました。

それ以来、部長は彼を家族のように扱い、商談もうまく進んだとか。

凄腕の営業マンの中には、わざと相手を怒らせて、後日、自宅に謝りに行くという猛者（もさ）もいます。相手の家族に会うことで、親密な関係に発展するからです。

最も効果的なのは、「子どもの顔を見ること」。

宅訪するときに、お子さんへのお土産をもっていきます。ちょっとしたお菓子でいいのです。

相手がいなくても、家族の顔を見た、お子さんの顔を見たということが大切であって、お子さんへのお菓子を渡した時点でこちらの勝ち。

相手が家に帰ってくると、家族は手土産を置いていった営業の人のことを悪くはいいません。まれに烈火のごとく怒って、お菓子を返しにくる人もいますが、だいたい子どもがすでにお菓子を食べてしまっているものです（笑）。

自宅に行く、家族の顔を見る、お土産をもっていく。そうすると、相手と親密になりやすく、ビジネスもうまくいく。

これは非常に古いやり方ですが、そこには人間の変わらない心理があると思います。

人間関係が希薄になったいまの時代、泥くさいことを嫌い、ドライな手法をとる人が多い中で、逆にこれをやれば、レアな営業ウーマン、営業マンになるのは確実でしょう。

接待の技術❶――自宅を戦略的に使う

営業につきものとして、接待もあります。

どうすれば、相手の記憶に残る接待ができるのでしょうか。

接待の肝は「サプライズ」です。相手にどれだけうれしい驚きを与えられるかが勝負になります。

「成熟社会」では一人ひとりの好みが多様化していくので、昔のように銀座や赤坂の高級料亭で一晩豪遊すれば確実に喜ばれるなどということはありません。

とくに、接待慣れしている人にとっては何の驚きもない。どこに連れていっても、たいして感動してはくれないでしょう。

スカイツリーの最上階のレストランに誘うと喜ばれる可能性は高いですが、これも旬や好みがあって難しい。

人々が多様化している時代は、相手は全員、外国人だと思って接待したほうがいいということです。

つまり、言葉がまったく通じない相手に、どうすれば驚きを与えられるかを考える。外国人は、自分が味わったことのない珍しい体験をしたときに喜びますよね。自分が外国に行ったとき、どういう体験がうれしいかを考えてみてもわかります。それがレアな体験であればあるほど、思い出に残るのでうれしいのではないでしょうか。豪華だとか、高級だとかは二の次です。

私はリクルートに勤めていた当時の接待漬けのころは、自宅を戦略的に活用する方法をとっていました。

当時住んでいたのは、東京・勝どきのマンション。お客様をわざわざ夕方5時半ごろに招待して、ベランダから隅田川や銀座の街並み、東京タワーが夕暮れに赤く染まっていく景色でもてなしました。豪華な料理でなくても、ビールと軽食を用意しておけば、相手に十分喜んでもらえます。

もうひとつは、どこかで夕食をとったあとに招待するパターン。カーテンはあらかじめ閉めておき、少し飲んだあとにサーッと開ける。ビルの灯りや東京タワーの美しいライトアップが絵画のようにあらわれて、とてもインパクトを与えることができました。

ここで大事なのは、自分の土俵に相手を引きずり込んで、レアさを演出すること。自宅は当然ながら、相手にとってまったくのアウェー。そこで唯一無二の接待をするのです。接待慣れしている人ほど、はじめての体験を喜びます。

私は誰かを接待したいと思ったら、自宅のある東京・永福町に招待します。かつては、「きゃべつや」（当時・現在は閉店）というお好み焼き屋に連れていっていました。

これまで大阪や広島でずいぶんお好み焼きを食べてきましたが、この店のお好み焼きは「日本一うまい」と個人的に認定したからです。外国人を連れていっても喜ばれました。

夫婦経営のお店で、旦那はパリでフレンチの修業をしてきた人物。だから、出してくるワインがまた良かった。

私はかれこれ2000店以上、ワインを出すレストランに行っていますが、「ルロワ」という、知る人ぞ知るブランドを東京で出してきたのは、このお好み焼き屋がはじめてでした。

永福町の商店街のはずれにありましたから、知らなければ絶対に行きません。そういう地元のお店なら、ほぼ確実にサプライズを与えることができるでしょう。

接待の技術❷――一点豪華主義で勝つ

その後、もう少し語りたい場合には、店から歩いて5分の自宅に招き、コーヒーを飲みながら話します。

じつは、自宅にもサプライズを用意しています。一点豪華主義で、大好きなアート作品があるのです。

それは、スペインの画家・リャドの版画の原画。結婚して1989年に長男が生まれた直後、お金がまったくないときに、一目ぼれして買ってしまった油絵です。画商に値段も聞かずに「絶対に買う」といったところ、800万円でした。手元には200万円しかなかったので、母親や友人たちから借金して、なんとか足りない600万円をかき集めて買いました。妻は何も文句をいいませんでしたが、はっきりいって滅茶苦茶だったと自分でも思います。

この絵を、自宅に連れてきた人に見せて、いまのようなエピソードを聞かせます。無理して買った絵は、こうしてコミュニケーションのネタとしても使えるのです。

ちなみにこの絵は、いま売ったらけっこうな値がつきます（絶対に売りませんが）。

経営学に「ランチェスター戦略」という有名な戦略があります。

弱者は全面展開する体力や資本がなく、全面展開すると強者に必ず負けてしまうので、ある一点に集中して確実に勝っていくという方法です。

「ランチェスター戦略」は、人生のさまざまな状況においても有効な戦略です。

たとえば、独身者が意中の異性を自宅に呼びたいと思っても、超豪華タワーマンションに住める人はそんなにはいないでしょう。だから、何か一点に絞って勝負を賭ける。

桜並木のある川沿いのマンションに住んで、桜が満開になる1週間だけに賭ける。その時期に「うちでお花見しよう」と、彼女・彼を自宅に招待するのです。

それ以外の360日は捨てるぐらいの覚悟があれば、勝てる見込みも高いと思うのですが、いかがでしょうか。

英語習得法❶――たんなる自己啓発では無理。仕事で使う機会をつくる

企業の英語公用語化の動きが広がるにつれ、ビジネスパーソンの英語学習に対する熱が高まっています。

A領域で1%の人をめざすのであれば、たとえ海外勤務でなかったとしても、やはり英語はマスターしておく必要があるでしょう。今後、ビジネスのグローバル化は必

然なので、トップをめざすなら、英語は避けて通れないからです。

そこで、私の英語習得法を伝授しておきましょう。誰でもできる方法ばかりなので、ぜひ真似してみてください。

とはいうものの、私自身は英会話に関して長い間、コンプレックスがありました。

東大時代に同じクラスだった同級生50人は、みんな大企業に入社して、27歳から29歳ぐらいの間にハーバードやスタンフォードのビジネススクールへ社費留学していました。当然ながら英語が話せるし、ビジネスもできます。

中小企業に入ったのは私ひとりだけで、留学経験もない。

しかし、20代後半は、リクルートで課長から部長になるかならないかという大事な時期で、私は仕事に無我夢中でした。いつか留学したいと思ってはいたものの、その時期にリクルートを辞めて自費で留学しようとは思いませんでした。

ただ、留学しなくても、英語はやはり勉強したほうがいいと考えて、当時、西新橋のリクルートの前にあった英会話教室に同僚を誘って通っていました。朝7時半からのコースで出社前にレッスンを受ける、いまでいう「朝活」です。

私と同僚が通っていると、上司まで「オレもやる」と言い出し、みんなで眠い目をこすりながら通っていましたが、営業の仕事が忙しく、結局、長続きしませんでした。

この経験から得た教訓は、「仕事で使う機会がないと、英語は習得できない。たんなる自己啓発では無理」だということ。

それでいったんは断念したのですが、37歳のとき「ここで海外に出ていかないと一生、英語を話せない。英語を習得するなら最後のチャンスだ」と思いました。

ヨーロッパの「成熟社会」を見たいという目的もあり、私は会社を辞める覚悟で、リクルートの人事に掛け合い、ロンドン大学のビジネススクールの客員研究員として、1年間、留学することになったのです。

英語習得法❷――英語をマスターするには丸暗記がいちばん

当時、経営学者の榊原清則さん（現・慶應義塾大学名誉教授）がロンドン大学に准教授として赴任され、私を客員研究員として呼んでくれました。

ただし、条件がありました。

「藤原さん、半年以内に最低1回、私の講座で授業をしてくださいね。もちろん、すべて英語です。時間は1時間半」

まさに、英語を使わざるを得ない状況に追い込まれたわけです。

どんなテーマで話そうか、あれこれ思案した末に、リクルートで取り組んできた

「ヒューマン・リソース・マネジメント」について授業をしようと決めました。

1988年に起きたリクルート事件を、世界中のビジネスパーソンは知っていました。リクルートはそのスキャンダルでつぶれたと思われていたのですが、1989年から売り上げを急激に伸ばしている。それはなぜなのか、「ヒューマン・リソース・マネジメントの勝利」という観点から説明しようと試みました。

スライドをなるべく多く使うことにして、30分はスライドを見せながら話そう。あと1時間分の話は、どれだけ緊張していようが、体調が悪かろうが、英語が口をついて出てくるようにしよう――。

要するに、丸暗記することにしたのです。

まずは日本語で授業の内容を書き、それを英語に直す作業を自力で行いました。

A4サイズのレポート用紙1枚に日本語で1000字程度書いて、それを英文に直すとA4で3枚程度になります。日本語でA4なら3枚程度の原稿が、英文では10枚になりました。

その原稿を英会話スクールでネイティブの英語教師にチェックしてもらったところ、「この表現では、まったく通じない」と徹底的にダメ出しされてしまいます。

「新規事業でハウジング事業の立ち上げに関わり……」と書くと、「『関わる』とは具体的に何をしていたのか？　販売なのか？　営業なのか？　企画なのか？」と聞き返されます。

すべての仕事において、「具体的に何をしていたのか？」「どんな付加価値を生んだのか？」「あなたは何ができる人なのか？」を問われ、「関わる」「携わる」「推進する」という曖昧な表現はすべて修正させられました。

そもそも、日本語は情緒的な言語で、目的語から先に入って、主語をいわなくてもいい。相手の顔を見ながら、結論を最後に述べることができます。

たとえば、「イギリス料理っておいしくない……と私は思っていません」などと、途中で結論を変えることもできる。相手との関係性を非常に重視するインタラクティブな言語なんですね。

ところが、英語はそうはいきません。先に結論を述べてから、そのあとで理由や要素を説明していく論理的思考が大事になります。

常に主体性をもって、自分はどう思うのか、結論を先に明確に述べてから、その理由はなぜなのかを論理的に説明していかなければいけない。英作文をすることで、そういう思考回路がだんだんできてきました。

こうして完成した授業の原稿は、Ａ4で10枚以上。これだけの量になると、英語の構文や英語的な言い回しは、ほぼ網羅しています。

これを私は37歳にもなって必死に丸暗記しました。思い出そうとしなくても、口からすらすら出てくるように、何度も何度も暗唱します。英語独特の表現や考え方も、それで自然に習得できました。

たとえば、「そういうことって世界中にあるよね」という表現は、「It is always the case that...」。

これが頭に入っていると、相手が「上司がいうことを聞いてくれないのよね」「うちの会社は決断が遅いんだ」などといったときに、「It is always the case」と口から自然と出てくるようになります。

実体験から断言しますが、英語をマスターするには、A4のレポート用紙に10枚分、自分に関わることを英作文して丸暗記すること。騙されたと思ってやってみてください。

英語習得法❸——自分の履歴書を英語でつくり、〝プレゼン〟する

自分の履歴書を英語で書いて、それを丸暗記することもおすすめです。私自身、ヨーロッパに行ったときに実践し、初対面の相手と会話するときに使っていました。

自分をプレゼンするための文章をA4用紙1枚で書いてみます。英文に直すと、A4で3枚程度です。

外国人にもわかるように自分のことを伝えるには、まず自分のキャリアを振り返り、整理する必要があります。自分は何ができる人間なのか、それを具体的に伝えることができなければ外国人は理解してくれません。

あなたが海外でビジネスする機会がなくても、自分のキャリアや能力を整理することは、今後の人生戦略を立てるために役立ちます。

次の3ステップで、自分の履歴書を書いてみましょう。

①自分がやってきた仕事の棚卸しをする

どの部署のどんな役職だったかではなく、その部署で自分が実際に何をしたのかを書きます。

それによってどんな影響があったのか？　売り上げはどのぐらい伸びたか？　どんな付加価値が出たか？　あるいは何に失敗したか？　それが後にどんな成果に結びついたか？

自分がやってきた仕事の棚卸しをするのが先決です。

②自分のキャリアを総括して、「売り」を見極める

続いて、自分のキャリアの中で「売り」は何なのかを見極めます。

それには、外国人に「あなたは何ができる人なんですか?」と聞かれたとき何と答えるか、考えるといいでしょう。

自分のキャリアを俯瞰して眺め、本当にそれが自分の「売り」なのかどうか確かめてみる。それは今後もやりつづけたいことなのか。答えがイエスなら、履歴書の冒頭に大きく記入しましょう。

自分のキャッチフレーズをつくる作業ともいえます。

③自分が個人的にやりつづけている社会的な活動を記す

外国人は社会的な活動を重んじるので、会社以外で何かやりつづけている活動があれば、記入します。ここでも、理事や委員といった役職ではなく、自分は何に関心があり、具体的にどんな活動をして、どんな貢献をしているかが問われます。

以上を整理できたら、原稿を書きます。その際に、現在の仕事に近いものから順番に書いていきます。

日本の履歴書は、現在の仕事に遠いものから書きます。小学校、中学校、高校、大学と学歴を書いてから、職歴に移り、入社してから現在までどのような部署でどんな仕事をしてきたのかを書きます。

こうした日本の履歴書を、私は「位置エネルギー型」と呼んでいます。

しかし、欧米は「運動エネルギー型」です。現在から過去にたどっていく。「結局、あなたは何ができる人なのか？」という結論が最も重要なので、先に述べるわけです。

自分で英作文した原稿を、ネイティブにも通用するようにネイティブにチェックしてもらいましょう。英会話学校に通っているなら先生をつかまえて、A4で1枚の日本語の履歴書と、A4で3枚の英文の履歴書を見せて、直すのを手伝ってもらいます。どのように表現したら相手により魅力的に伝わり、感銘を与えることができるか、演出を含めてアドバイスをしてもらうのです。

完成したA4用紙3枚の履歴書は、繰り返し読んで丸暗記してしまいます。自分に関する内容だから、自分が誰よりも専門家。暗記するのもあまり苦になりません。経済に関心のない人が経済ニュースの英文を暗記するのとは、まったく違います。

この履歴書は一度暗記してしまえば、外国人と話すときにいつでも使えます。しかも、自分についての話題ですから、自分の土俵に相手を引き込むことができる。相手が英語でいろいろ質問してきて、あまり聞き取れなかったとしても、自分に関する話題なので、だいたい予測がつくのです。

相手が何を質問してくるかわからないテーマで話すのは不利。英語に自信をなくすだけなので、まずは自分の履歴書で会話して、自信をつけることが大切です。

10年後、おそらくすべての産業界で、現在10位までの会社が5社ぐらいになるでしょう。要するに、つぶれるか合併するかで淘汰される。

これまでの10年間にも淘汰が起こりました。業界ごとに20社ぐらいあったのが、10社程度に減ってしまった。それが今後10年間で、さらに半減すると思います。

そして、残った5社のうち、半分の2〜3社は外資系になるはずです。

しかも、昔のようにアングロサクソン系ではなく、韓国系や中国系、インド系だったりする。自分の上司がある日、インド人になってしまうことも高い確率で起こりうるのです。

自分の「エンプロイアビリティー（雇用され得るための能力）」を高めるうえでも、やはり自分の履歴書を英文にして、それを英語でアピールできるようにしておくことは重要です。

その準備をしておくかどうかで、いざというときの雇用のチャンスが倍になるか、半分になるかが決まります。

条件6 「正解主義」「前例主義」「事なかれ主義」を打ち破れるか、否か
→正解主義、前例主義、事なかれ主義を打ち破れる人になれ！

日本人が大好きな「正解主義」「前例主義」「事なかれ主義」

私は常々、日本人が信奉する「正解主義」は由々しき問題だと考えています。

「正解主義」とは、「正解は必ずある。しかも、たったひとつだけ」という考え方。教育の現場で児童・生徒に刷り込まれているものです。

たとえば、国語の時間に太宰治の『走れメロス』を読ませて、「帰り道のメロスの気持ちに近いものを次の4つの中から選びなさい」と〝正解〟を選ばせる。

子どもは無意識に、「正解はひとつだけ。それ以外は間違いなのだ」という固定観念を植えつけられていきます。

その思い込みによる弊害が、「成熟社会」に入ったいま、さまざまなところで噴出している。「成熟社会」には、いつ何時も必ず正しい「正解」なんてどこにもありません。

これからの時代は、正解のない問題を解ける人間こそが、組織においてもリーダーになり、出世していきます。私は、「正解」ではなく「納得解」(関係者がみな納得できる仮説のこと)をいかに導き出すかが重要だと考えます。

「正解主義」と同様、官僚制や大きな組織にありがちな悪しき習慣は、「前例主義」と「事なかれ主義」です。この三位一体の風土がはびこっている組織は、これから腐敗が進んでいくでしょう。

まず、社会の変化が激しいので、「前例」がそのまま通用する時代ではありません。過去にうまくいったやり方でも、それがそのまま通用するとは限らない。

となると、参考にできる過去のデータやノウハウがないので、どうしても失敗が多くなります。しかし、失敗を避けようとする「事なかれ主義」では、時代を乗り越えることはできない。

避難所で実際に起こった「800分の700問題」

――「800人いるので、700個のケーキは受け取れません」

「正解主義」「前例主義」「事なかれ主義」の三位一体の風土が招いた典型的な出来事がありました。

東日本大震災から1カ月ほど経ったころのことです。

私の友人で仙台出身の事業家である立花貴くんが、被災地のボランティアを始めました。すると、彼の知人で東京のパティシエが、「被災地の子どもたちに甘いものを食べさせてあげたい」と、ロールケーキを徹夜で700個つくり、立花くんに託したのです。

立花くんは東京を早朝に出発し、被災地まで車で約8時間、運転して運びました。ところが、800人の避難民がいる避難所にロールケーキをもっていったところ、受け取ってもらえませんでした。避難所の責任者が「うちは800人います。700個では100個足りないから受け取れません」と拒否したのです。

驚いたことに、この避難所だけではありませんでした。立花くんが車を飛ばしてあちこちの避難所にもっていくと、2分の1の確率で断られたそうです。

いったいなぜそんなことになるのか。

それは、避難所の責任者が「正解主義」「前例主義」「事なかれ主義」にとらわれているからです。

「800人には800個」というひとつの答えしかないという「正解主義」。過去に数が合わないものを受け取ったことがないから受け取れないという「前例主義」。受け取って避難民から不公平だと文句が出たら困るという「事なかれ主義」。

これはそのまま日本の教育現場のカルチャーの問題でもあります。立花くんが運んで断られた避難所の多くは、学校の教頭先生が責任者を務めていたところでした。学校は、もっとも「正解主義」「前例主義」「事なかれ主義」が蔓延している世界。なぜもっと融通をきかせたり、イマジネーションを働かせることができないのでしょうか。

あなたなら「800分の700問題」にどう対応しますか?

もし、あなたが避難所の責任者だったら、どうしますか?

800人いたら、全員甘いものが好きとは限りませんよね。甘いものが嫌いな人だっているはずです。糖尿病の人もいるかもしれません。あるいは、避難所であってもダイエット中だから食べたくないという人もいるでしょう。

私は講演でこれまで100回以上、この「800分の700問題」を聴衆に投げかけてきました。

「この場に会場の人数より少ないロールケーキが運ばれてきたとして、すぐに食べたい人は？」と聞くと、女性を中心に手があがります。

「では、甘いものが好きじゃない人、病気で食べられない人、ダイエット中で食べたくない人は？」と聞くと、1割から2割、多いときで3割の手があがります。

つまり、800人いる避難所に、受け取った700個のロールケーキをそのまま配ったとしても、何も問題は起きなかった可能性が高いのです。

百歩譲って、「ケーキは生ものだから腐っては困る。ほかの避難所のほうがお年寄りや子どもが多いから持っていってほしい」という対応はあるかもしれません。

しかし、カップ麺でさえも、700個持ち込んだボランティアが800人いる避難所で断られたケースがあったと聞きます。

「800人には800個」という答えしかない。それ以外の答えは考えようともしない。これは絶対に、おかしいですよね。

もし算数ができるのであれば、ましてや学校の教頭先生が責任者ならば、ロールケーキ1本を半分にすれば700個が1400個になって、800人に半分ずつ分けられるということぐらい、なぜ思いつかないのか。

「残った600個はどうするの？」と心配しているなら、ますます重症です。それこそ、イマジネーションを使って解決してほしい。

たとえば、私ならジャンケン大会やパン食い競争をして、勝った人があまったロールケーキをもらうようにします。おじいちゃん、おばあちゃん、子どもたちが一緒になってゲームをして、一瞬でも笑顔になれればいいじゃないですか。

被災地では、笑うことも極めて大切です。震災当初の混乱期を過ぎて、1カ月、2カ月と時間が経って避難所生活が長くなってくると、ストレスもどんどんたまってきます。

もちろん、避難所のそばではまだ自衛隊がご遺体の捜索をしているなど、亡くなられた方と遺族には本当につらい状況が続いています。しかし、同時に生き残った人に対して、できるだけストレスを抜くことも必要で、それが避難所の責任者がすべき重要なマネジメント行為でもあるのです。

私なら、こんなエンターテインメントで解決をはかるでしょう。

まず小学生、中学生、高校生を集めて、こう聞きます。

「この避難所には全部で800人いるんだけど、700個しかロールケーキが届かなかったんだ。どうしようか？」

すると、小学生なら習ったばかりの割り算で問題を解こうとするかもしれません。しかし、700は800では割り切れない。どうしていいかわからず、打ちひしがれるかもしれません。中学生なら、1本のロールケーキを8等分しようという頭のいい子もいるでしょう。高校生なら微積分を使って考えようとするかもしれない。

そうして20分ぐらい考えさせてから、自分たちの案を避難所の全員の前でプレゼンさせます。その中で最もいいと思う案に対して、おじいちゃんとおばあちゃんに拍手で決めてもらう。

そうやって決定した案でロールケーキを配れば、文句をいう人など出るはずがないと私は思います。

組織のトップにのぼりつめる人は、結局どういう人か？

「成長社会」では、会社で大勢のライバルから抜きん出て、トップ近くにのぼりつめるのは、勝負をしなかった人でした。つまり、失敗をしなかった人です。

経済全体が右肩上がりだったので、あえて勝負に出なくても、普通に仕事をしていれば成果が出ました。だから、勝負に出る必要はなかった。むしろ、目立つような失敗をすることのほうがリスクだったのです。

先ほどの「800分の700問題」に則していうと、正解がきれいにスパッと出る「800分の800問題」が多かったので、「800分の800」のみを正解とし、700個のロールケーキを「受け取らない」人間が、周囲から不平不満も出ず安全だったといえます。

ちょっと変わった答えを提案して勝負に出る人間には、会社は何回もチャレンジをさせます。当然、勝つときもあれば、負けるときもあります。失敗するまでチャレンジさせられるので、最後は関連会社に異動させられたりしました。

しかし、「成熟社会」では、「800分の700問題」のような割り切れない問題ばかりが出題されるようになります。

これまで勝負を避けてきて、失敗を一度も経験したことがない社長がトップについている会社は、軒並みダメになるでしょう。

失敗をしたことがない人は、問題を解決する方法を知りません。正解がどこにもない中で、みんなが納得できる「納得解」を導き出せない。今後、失敗したことがない人は、現状維持も厳しくなっていくはずです。

橋下徹元大阪市長は「正解主義」「前例主義」「事なかれ主義」を打ち砕いているトップの典型だと私は思います。公務員の世界はこの三位一体の主義にどっぷりつかっていますが、それを果敢に崩そうとしました。
大阪市の公式サイトには当時、「大阪市役所は『前例がない』とは口にしませ
ん!!」というメッセージが表示されていました。こんな役所は非常に珍しく、私は拍手を送ったものです。
もちろん、「正解主義」「前例主義」「事なかれ主義」の三位一体を打ち砕けば、失敗も多くなりますが、その失敗を糧にして、次に活かしていくたくましさを身につけなければいけない。トライ&エラーを恐れていたら、新しい時代に組織のトップを務めることはできません。

条件7　合わない上司がいるか、いないか
↓上に行けば行くほど、上司が最大のリスク

上司はサラリーマン最大のリスクファクター

A領域で1%の人をめざして、組織のピラミッドを上がってきました。
ここで、平社員には見えない重大な落とし穴が頂上付近に待ち構えていることをお

伝えしておきます。

若いころは、出世すればさぞかし気分がよく、組織の上に行くほどのびのびした景色が広がっているだろうと想像しがちです。

しかし、じつは上司との関係ひとつで簡単に暗転してしまうリスクをはらんでいるのです。そのことをA領域のトップをめざす人は覚えておかなければいけません。

サラリーマンは出世すればするほど、競争相手がしぼられていき、上司の数が少なくなっていきます。

その少ない上司との関係が悪化したら最後、逃げ場がなくなってしまう。

いくら上司にゴマをすって媚びへつらっていても、自分に目をかけ、引っ張ってくれた上司がある日、突然、失脚してしまうこともあり得ます。後ろ盾を失ったあなたは、その上司のライバルに飛ばされてしまうかもしれません。

つまり、上に行けば行くほど、上司が最大のリスクになるのです。

20代のころなら、もし合わない上司がいたとしても、数年我慢すれば、上司が異動になる確率もかなりあります。

仮に自分が不本意な部署に異動させられたとしても、じっとたえていれば、いつかは席替えがある。どうしてもたえられなければ、若いので、ほかの会社に転職することもできます。

ところが、40代ぐらいになって、これから部長をめざすという段階で、合わない上司がいたらどうなるでしょうか。

社内で異動できそうな部署のポストは少なくなり、「辞めてやる!」とタンカを切りたくても、それまでに社外で通用する実力を蓄えてきた人でないと、転職先は簡単には見つかりません。妻子がいて、住宅ローンを抱え、子どもの教育費にますますお金がかかるような状況では、気軽に会社を飛び出すこともできないでしょう。

そういう意味では、住宅を購入するなら、40代になる前にローンを完済しないと、勝負できなくなります。

会社提携ローンなんて利用していたら、会社にがんじがらめになってしまう。どんなに合わない上司がいても身動きがとれず、会社が地獄になってしまうかもしれません。

出世すればするほど、数少ない上司との関係に細心の注意を払うこと。最後の最後まで気を抜けないんですね。

すげ替え不可能な人材になる

合わない上司とぶつかったときのリスクを減らすためには、すげ替え不可能な人材になることです。

すげ替え不可能な人材とは、上司や会社が失脚させたくてもできない人のこと。

具体的には、現場の優秀な社員が大勢、自分の味方についていて、いい顧客をダイレクトに握っている人です。こういう人になれば、会社は簡単に辞めさせることができません。

社長までのぼりつめなくても、役員になるぐらいの人であれば、おそらく人を従えるだけのリーダーシップもあって、いい顧客も握っているケースが多いと思います。

そういう人は、たとえ合わない上司とぶつかっても、「私がいまこの会社を辞めて競合他社に走ったら、どれほどの損失があるかわかっていますよね?」と会社と交渉することができます。

優秀な部下の集団と、大口顧客をごっそり引き連れて競合に走られたら困る——。会社にそう思わせれば、あなたの勝ちです。そのまま出世の階段をのぼりつづけてください。

要するに、希少性の高いレアな人材は刺されにくいということ。

ところが、怖いのは、出世すればするほど現場から離れていくので、一般的には、希少性が失われていくことです。

優秀な部下も大口顧客も、役職が上がるにつれて直接関わらなくなっていくでしょう。だから給料ばかり高くて使えない、すげ替え可能な人材になってしまいがちなわけです。

こうした組織上のジレンマがあることに注意しましょう。

誰が社長になれるかは運と勘次第

最終的に誰が社長になれるか。それは、誰も予測することはできません。最後は運と勘につきます。

いまの時代は環境変化のスピードが速いので、ますます流れを読むことは不可能です。

たとえば、2009年に民主党の鳩山由紀夫さんが首相になることを予測できた人はいたでしょうか。

2008年の自民党党首、麻生太郎さんまでは予測可能としても、民主党に政権交代したあと、鳩山由紀夫さん、菅直人さん、野田佳彦さんが日本のトップになることを予測できた人なんていないと思います。

さらに、安倍晋三さんが一度失脚したあとに再び首相に返り咲くなんて、誰も想像していなかったでしょう。

つまり、誰がトップになるかは予測不可能なのです。

為替ひとつとっても、円高の状況では原材料を海外から調達している部門がコストメリットを出し、輸入部門の人間が権力をもちますが、円安に大きく振れると輸出部門の人間が権力をもち、一気に形勢を逆転します。

コロナ災禍が典型的だけれど、世の中、何が起こるかわからない。

状況は刻一刻と変わり、組織におけるパワーバランスは変化しつづけます。

最終的にトップになるのは運と勘次第と心得ながら、出世レースのラストスパートに精を出してください。

▼A領域をめざす人へのメッセージ

A領域で「100人に1人」の1％の人になるには、最後は運と勘ですが、運を引き寄せる強い意志も必要です。

常に念じている人間に運は寄ってくるものだからです。

たとえ新人であっても「自分が社長になるんだ！」「早くリーダーになりたい！」という意識をもって仕事をすることが大切です。

第2章

B

経済的価値×プロ志向→自営業タイプ

「技」を求める人の4つの条件

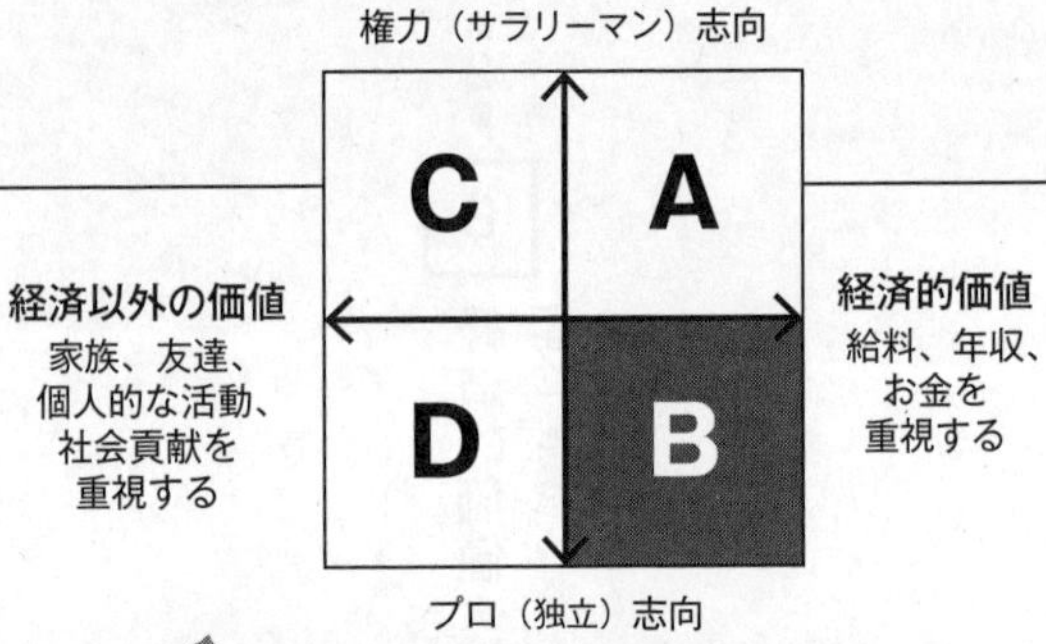

権力（サラリーマン）志向

経済以外の価値	C	A	経済的価値
家族、友達、個人的な活動、社会貢献を重視する	D	B	給料、年収、お金を重視する

プロ（独立）志向

［条件7］自由、寂しさにたえられるか、たえられないか
▶定期券を買わない寂しさにたえられますか？
▶本当の自営業になっても、きちんと夏休みをとれるか

［条件6］知名度があるか、ないか
▶名刺はシンプル・イズ・ベストでごちゃごちゃ書かない
▶カバンに会話のきっかけになる小物をたくさん入れておく
▶ホームページをつくる――年24万円でも投資対効果は十分ある
▶いちばんいい顔をプロカメラマンに撮ってもらう
▶自分の本を出すメリットはこんなにある
▶雑誌の連載、新聞、ラジオ、テレビを使いこなす
▶講演はこうしてこなす!
▶交通チケットは相手にとってもらい、日帰りが基本
▶いつも身辺はきれいに――男性なら、金と女に気をつける

［条件5］1万時間で技術を身につけたか、身につけていないか
▶1万時間で1%のプロになる
▶1万時間=毎日8時間なら3年半、平日5時間なら10年、平日3時間なら16年半
▶20代から貸しをつくって、30代でも貸しをつくって、40代で助けてもらう
▶紹介する人同士をつなげる方法一複数の飲み会を同時に同じ店でやる
▶「SSK」（接待、査定、会議）を減らす
▶時間にルーズな人間とは付き合わない
▶ゴルフを一切やらない
▶病気を言い訳に、どんな宴席でも夜10時には退席する
▶結婚式には出ない、葬式も本人を知らなければ出ない
▶テレビはニュースとドキュメンタリーしか見ない
▶スケジュール管理とダイアリーはすべて手帳1冊で管理する

［条件4］社内自営業者になれるか、なれないか
▶会社の寿命よりも自分の寿命が長い時代
▶「セルフエンプロイド」の意識をもつ――「社内自営業者」のすすめ
▶読書は、著者の視点から世の中を擬似的に見ること
▶いまは0冊でも、週2冊のペースをあえて目標にする
▶リアル書店を定点観測する
▶図書館を自分の本棚にする
▶ランチやミーティングの場所を決めておく

Ｂ領域は、「経済的価値」を重視しながら「プロ志向」のある、いわば「自営業タイプ」の人です。

組織に属しているか否かを問わず、自分の能力を磨いて、将来独立することを目標としている。一言でいえば、「技」を求める人といえるでしょう。

終身雇用や年功序列が崩壊しようとしている中で、会社に一生、滅私奉公することはリスクでしかない。いつでもどこでもお金を稼げるプロフェッショナルになりたい。そう考えるのが、Ｂ領域の人です。

では、Ｂ領域で１％の人になるにはどうすればいいのか。

そのための条件を４つ提示しましょう。

条件4 社内自営業者になれるか、なれないか
→社内自営業者になれ！

会社の寿命よりも自分の寿命が長い時代

高度成長期には、自分の寿命よりも会社の寿命のほうが長いというイメージがありました。だからこそ、誰もが会社に生涯身を寄せようとし、「寄らば大樹の陰」ということで大企業に入りたがったのです。

しかしバブル崩壊後、大企業の倒産が相次ぎ、自分の寿命より会社の寿命のほうが短いことに気がつきました。

会社がつぶれなくても、自分がいる部署ごとなくなるケースも増えています。リストラが進み、組織の構造が非常に筋肉質になってきています。ムダな事業はカットして、事業部門ごとに会社を分けて事業会社にし、何の事業をしている会社なのかを明確にする。そして、それぞれの事業会社に社長、取締役がいて、全体で「〇〇ホールディングス」という形をとる企業も増えています。

時代の変化が速くなっているので、事業のライフサイクルが短くなり、少し傾くと、

事業のコンセプトそのものを変えていかないと生き残れなくなっています。

つまり、自分が所属する事業会社のライフサイクルよりも、自分のライフサイクルのほうが長いという逆転現象が起きているのです。

これからの時代、「寄らば大樹の陰」はもう通用しません。たとえ組織に属していても、「頼れるのは自分の能力しかない」という覚悟をもつべきです。

その能力をいかに磨くかが鍵。自分自身が大樹となるべく、一生をかけて幹を太くして枝葉を広げていく努力を意識的にしていかなければいけません。

「セルフエンプロイド」の意識をもつ――「社内自営業者」のすすめ

B領域をめざすには、まず何よりも「セルフエンプロイド」の意識をもって働くことが大切です。

セルフエンプロイドとは「自分で自分を雇用している人」という意味です。サラリーマンであっても、自分自身が自分を雇用している経営者だと考え、プロフェッショナルとして会社に対して高い付加価値を出していく。つまり、会社の中で自営業をする感覚をもつのです。

簡単な言葉でいえば、「社内自営業者」をめざしましょうということ。

B領域の人は、会社の力に頼り、上司の顔色を見ながら仕事をしているようではダメです。

「私の上司は、社会全体です」という意識をもつことが「社内自営業者」になる第一歩。

会社に寄りかかるのではなく、会社が蓄積した資産を使い倒し、会社をビジネススクールと考えて、自分の能力を徹底的に磨いていく。社外に目を向け、いつでもどこでも通用するスキルを鍛え上げましょう。

「社内でそんなことをしたら、サラリーマンとしての足元が危うくなるのでは？」と心配する人がいるかもしれませんが、むしろ逆に強みになります。

「プロ志向」をもち、自らの武器をもてば、個人がブランドになる可能性があります。

個人がブランドになれば、そんな逸材を輩出した会社として、会社側にもメリットが出てきます。そういう人材を会社は手放したくないので、対等な関係に持ち込める。

会社に自分の望む交渉ができるようにもなります。

読書哲学――読書は、著者の視点から世の中を擬似的に見ること

では、「社内自営業者」になるには、何が必要なのか。どんなスキルが重要なのか。

どんなプロをめざすにしても、ビジネスの世界で生きていくには、やはり教養がないと相手にされません。

とくに一流の人ほど教養を備えていて、教養がない人を低く見る傾向があります。どのビジネスでも人間関係やコミュニケーションの要素が欠かせない以上、教養はすべてのベースになります。

では、どうすれば、教養を身につけることができるのか。

序章でも述べましたが、そのベースになるのはやはり読書です。

ここで私なりの読書哲学と読書術をまとめておきます。

人間は自分ひとりの視点から世の中を見ていますが、これだけ世の中が多様化してくると、自分ひとりだけの視点では物事を理解するのにどうしても限界が出てきます。

しかし、本を読めば、その著者の視点から世の中を擬似的に見ることができる。

たとえば、私の本を読むということは、私の視点から世の中を見るということ。「藤原ロールプレイ」をしているようなものです。

こうした視点の転換をいかに数多くできるか。もし800万通りの視点を獲得できれば、八百万神（やおよろずのかみ）、つまり神様の視点でこの世界を眺めることができるともいえます。

本には、ひとりの人間が人生の膨大な時間をかけて獲得した独自の視点や専門性が詰まっています。それを、たかだか数時間の読書で自分のものにできるのですから、読書をしない手はありません。

圧倒的な読書体験は、自分の頭の中に教養のデータベースを築きます。それが充実すればするほど、物を見たり考えたりするときの深さが増していきます。

読書術——いまは0冊でも、週2冊のペースをあえて目標にする

かくいう私自身も、じつは20代後半まで読書の習慣がまったくありませんでした。ところが20代後半で、リクルートの伝説の編集者、くらたまなぶさんに「オレは本を読んでいない人間とは語る気になれない。お前、純文学も読まないと、人間として欠けちゃうよ」といわれたのが、読書に目覚めるきっかけになりました。

くらたさんは、『フロム・エー』や『エイビーロード』『じゃらん』を創刊し、『ケイコとマナブ』のネーミングもした人。一流の編集者として尊敬している人からの言葉に、私は大変ショックを受けました。

しかし、本を読まない私にとっては、正直、その意味するところがわかりませんでした。毎日、営業や接待で忙しく、本を読んでいる暇などありません。ただ、くらたさんの言葉はずっと胸に引っかかっていました。

32歳のときにメニエル病になり、長時間働くことができなくなったので、ようやく本を読む時間ができました。そこで、読書を始めてみることにしたのです。ちょうどそのころ、リクルートの書籍出版事業を模様替えすることになり、私自身が事業部長となって「メディアファクトリー」を創業したため、本を読まざるを得なくなったという事情もあります。

各界の著名人や作家、出版業界の編集者と対話する機会が飛躍的に増えたのですが、それまでベストセラー作品や芥川賞・直木賞受賞作品すら読んだことのない私は、話を合わせることができませんでした。話題作をひととおり読んでいないと、仕事ができない状況に陥ったのです。

出版社の設立に携わった以上、もう本を読むしかありません。

そこで早速、「1年間に100冊、本を読む」という目標を立てました。週に2冊のペースです。

通勤の往復で満員電車の中でもみくちゃにされながら、なんとか文庫本を開き、必死に文字を追う。会社帰りに酔っぱらっていても、フラフラしながらつり革につかまって読む。

移動時間や待ち時間の隙間も活用して、数分でもいいから前に読み進める。

最初は慣れなくて苦しいこともありましたが、それでも続けているうちに苦痛でなくなり、そのうちけっこう読めるようになってきました。

いまではすっかり読書が習慣化され、カバンの中には常に数冊、本を入れて併読しています。年間100冊以上の読書を30年以上続けていることになります。

この蓄積が、私の教養のベースになったのはもちろん、ビジネスにおける有形無形の武器になったのは間違いありません。

読書をまるでしなかった私が、のちにビジネス誌に書評の連載を書くようになったのですから、人生、何がどうなるかわからないものです。いま読書が苦手という人も、慣れてしまえば大丈夫です。本を読むことの効用は、ちくま文庫の藤原和博『人生の教科書』コレクション『本を読む人だけが手にするもの』に詳述しましたので、合わせて参考にして下さい。

書店活用法――リアル書店を定点観測する

読書を始めたら、話題の書籍に対して常にアンテナを張りましょう。

ネットのオンライン書店でベストセラーのランキングをチェックするのもいいですが、表示される冊数に限りがありますし、ジャンルごとに分かれているため、出版業界の全体像が見えにくいものです。

そこで、私がおすすめしたいのは、決まった書店を定点観測すること。

私の場合は、渋谷の啓文堂書店にときどき寄って、店内をひととおり見て回ります。同じ書店に定期的に通っていると、どこの棚が何のジャンルで、どのような本が並んでいるかが自然と頭に入ります。陳列の変化にも、すぐ気がつくようになります。

ベストセラー本はたいていレジのそばや棚の前面に平積みされています。そのタイトルと中身で、いま多くの人がどういう興味と関心をもっているのかがわかるでしょう。

最新のベストセラー本は何か、どんな本が注目されているのか、どういうジャンルがウケているのか――。

つまり、リアル書店を定点観測するのは、マーケティングをしているのと同じことなのです。ネット書店のランキングを見ているだけではわからない世の中の変化やニーズをつかむことができます。

図書館活用法――図書館を自分の本棚にする

私は書店で見かけて気になった本は、すぐに買ってしまいます。

「なぜこんな本が売れているんだろう?」と思っても、迷う時間がもったいないので、即決します。一度に大量の本を買い込むと、しばらく積んでおくことになりますから、そのプレッシャーで必死に読んでいくようなところもあります。

なかには、最初の数ページを読んだだけで、「やっぱりつまらない」と感じて、読むのをやめてしまう本もあるので、放っておくと、読み終わった本も含め、家の中が本であふれかえってしまいます。

本をたくさん読むようになると、どうやって本を保管するのか、どこまで本を処分するかというのが大問題になりますが、私は読み終わった本が30冊ぐらいたまったら、近所の公立図書館に持っていって寄贈するようにしています。

ベストセラー本もたくさんあるので、図書館の職員に大変喜ばれています。というのも、ベストセラー本はいつも100人以上、貸し出し待ちの状態だからです。

いらない本も含めて、図書館で再利用してもらえれば、私もありがたい。万が一、その本をもう一回読みたくなったら、図書館に行けばいいのです。

私は図書館を自分の書斎の延長、自分の本棚の一部だと考えています。そうすると、「もったいない」という気持ちにはなりません。

部屋も片付き、図書館と近所の人も喜んでくれて、一石三鳥です。

そのように図書館を活用してみるのはいかがでしょうか。

ランチやミーティングの場所を決めておく

B領域で将来独立して生きていこうという人は、組織の中にいるときから、「自分がエネルギーを充填できる場所」に敏感になるべきです。いずれ会社は自分のことを守ってくれなくなるので、自分自身で自分を守らなければいけなくなります。

自分にエネルギーを与えてくれる場所はどこか、居心地がいい場所はどこか。そうした場所を見つけ、味方につけておくのです。

ミーティングをするにしても、この会議室は何だか居心地がいいという場所があれば、なるべくそこでミーティングする。すると、自分の内側から力がわき、同じ発言をするにしても、エネルギッシュに話せたりします。

食事をするときも、「この店だと、なぜかエネルギーをもらえる」という場所はないでしょうか。見つけたら、なるべくその店で食べるようにします。

お客さんと商談するときも、プライベートの大事な場面でも、自分のエネルギーレベルが高くなるような店を選びましょう。

私は21歳のときに、アメリカの有名編集者、マイケル・コーダが書いた『パワー！

企業のなかの権力』（伊原豊訳、徳間書店）という本を読んで、場の力学に関心をもつようになりました。この本は、オフィスにおけるパワーの方向性や領域、位置などについて詳しく解説しています。

男性は、こうした場の力学をまったく意識していない人が多いのですが、女性は風水にこだわる人も多く、部屋の色や家具の配置、方角を気にします。

私は風水のような考え方は、アリだと思っています。理屈や科学では説明できないけれども、なんとなく場の力学が働いている気がするのです。

現在私は、完全に独立して仕事をしていますが、オフィスはもっていないので、打ち合わせはもっぱら外で行っています。自分で店を選べる場合は、渋谷エクセルホテル東急の「エスタシオンカフェ」を指定しています。

この店に行くと、なぜか落ち着いて、しっくりくる。コーヒー一杯が１０００円ぐらいしますが、場の雰囲気と、もらえるエネルギーが値段に含まれていると解釈して、よく使わせてもらっています。

条件5　1万時間で技術を身につけたか、身につけていないか
→1万時間で技術を身につけろ！

1万時間で1%のプロになる

Ｂ領域を突き進むのであれば、まずは自分がこのスキルや技術でプロになるという分野をひとつ決めることです。

そして、その分野に1万時間を投じて練習します。

1万時間をかければ、どんな人でも、どんなことでも、必ずマスターレベルに達することができます。

これは、マルコム・グラッドウェル『天才！　成功する人々の法則』（勝間和代訳、講談社）にも書かれています。

この本によれば、世界中の成功者や天才と呼ばれる人たちは、世間一般でいわれているような、生まれながらの素質や才能によるというよりも、どんな時代に生まれ、どんな練習環境があったか、どんな人と一緒にチームを組んで切磋琢磨したかで決定する。つまり、「環境要因」が必要条件だというのです。

そして、「1万時間以上の練習量」が十分条件だということを、さまざまな実例をあげて説明しています。

たとえば、ビートルズは突然、スターになったように思われがちですが、じつは下積み時代に、ドイツのハンブルクのストリップ劇場のようなところで1日8時間以上、1200回のライブをこなしていました。8時間×1200回=9600時間です。ビル・ゲイツも、パソコンの黎明期に最も多感な思春期を過ごし、プログラミングの魅力にとりつかれて1万時間以上も取り組んだからこそ、ビル・ゲイツになれたわけです。

音楽家もスポーツ選手も、プロになった人たちはみんな環境を味方につけて、1万時間以上練習した人たちだということ。

この「1万時間の法則」は、自分には特別な能力はないと思い込んでいる多くの人に勇気を与えてくれるでしょう。何しろ、誰でも1万時間を費やせば、マスターレベルの技を身につけられることを証明してくれているのですから。

好き・嫌いも、得意・不得意も関係ありません。とにかく1万時間をひとつのことに投資すればいいのです。

1万時間＝毎日8時間なら3年半、平日5時間なら10年、平日3時間なら16年半

1万時間というのは、1日8時間、会社にいる間の200日を投じたとすると、約6年です。

つまり、6年間で、少なくともその仕事についてはマスターレベルになれるということ。がむしゃらに土日も含めて365日間練習すると、3年半。

1日5時間、年間200日でも10年です。どんなことでも10年続ければ、マスターレベルになれることがわかります。

あまりがんばりすぎず1日3時間、年間200日でも、16年半です。1日1時間で年間365日なら、27年。

つまり、まったくやったことがないスキルや技術でも、毎日1時間を約30年続けたら、マスターレベルに到達することができるということ。なんとかなる気がしてきませんか？

この1万時間という数字には、たしかに根拠があるような気がします。なぜなら、世界各国で義務教育の時間として割り当てているのが約1万時間だからです。

日本も中学3年生までで約1万時間学んでいます。つまり、日本人としての基礎を教え込むのに1万時間を費やしているわけです。

私自身の経験を振り返ってみても、22歳から37歳までの15年間で「営業」と「プレゼン」の練習をひたすら積みました。

「営業」だけでも8年間、営業マンから課長、次長、部長、本部長（東京営業統括部長）までやり、30代前半までに1万時間以上の練習をしています。営業の仕事をとくに希望したわけではありませんが、マスターレベルになれたと自負しています。

現在、B領域をめざす20代の人は、とにかく1万時間の練習を、自分がプロになりたい分野に集中投下しましょう。その技術が30代、40代で会社から独立しても生きていける武器になります。

もちろん、何歳からでもスタートできます。1万時間の達成を目標に、早速、今日から取り組んでみてください。

20代から貸しをつくって、30代でも貸しをつくって、40代で助けてもらう

プロになって独立するまでの期間を短いスパンで考える人がいますが、やはり第一線でやっていくだけの実力を身につけるには1万時間はかかるものです。

20代でひとつの分野のプロ、30代で別の分野のプロになり、40代で独立する。それぐらいの長いスパンで考えたほうがいいでしょう。

20代、30代は組織に留まり、「社内自営業者」の意識で、将来稼ぐための技術を身につける修業期間だと考える。

若いうちは肩書きが何もなくても、会社のブランドがあります。課長や主任に昇進すれば、その肩書きもブランドになります。ブランドは、半人前の人間でも立派に見せる鎧。着させてもらっている間に、自分の技術を磨き上げましょう。

とにかく練習を積むことが大切なので、その機会があれば、貪欲に身を投じてください。周囲の人に自分の技術をどんどん貸して献身しましょう。

20代、30代のうちに周囲に貸しをつくっておくと、40代で独立して鎧を脱いだときに、周囲の人が助けてくれます。

私がリクルート時代にずっと続けていた周囲への貸しは、「人と人を結びつけること」でした。これは、私自身の「営業」技術の一環で、コミュニケーションの練習になり、人脈のネットワークを広げることにもなりました。

たとえば、飲み会や食事会を開催し、私が紹介者となって知り合いの2人の顔合わせをします。最初は私と知り合い2人のトライアングルで話をしていますが、私は途中で先に帰ってしまう。

「ええっ、帰っちゃうんですか。冷たいじゃないですか。緊張しちゃいますよ」

と冗談半分に泣きつく人もいますが、私はさっさと家に帰ります。

そうすると、2人は私を介さず話をせざるを得なくなる。それで2人の間にダイレクトな関係ができて友人になったり、新たなビジネスチャンスが生まれたりしました。

紹介する人同士をつなげる方法——複数の飲み会を同時に同じ店でやる

この「人と人を結びつける練習」を重ねるうちにわかってきたことは、私が紹介した人は、私がその場にいる間はやはり私に遠慮しているという事実です。

紹介者は、2人の長所やニーズを伝え、会話が飛び交うところまでプロデュースできれば、あとは速やかにいなくなったほうがいい。そうすれば、紹介された2人は遠慮のないコミュニケーションができます。

もし紹介された両者が実際の取引関係に入る場合でも、私に対する義理や私が事前に与えたイメージのバイアスに左右されずに判断できます。

私は、変な人間や相性がよくないであろう人間は紹介していない自信があります。だから、あとは2人にまかせてしまっていいとも考えているのです。

この紹介は、あとで、とても感謝されました。思い返してみると私は15年間、ほぼ毎日、「人と人を結びつけること」を続けていたことになります。

Aという食事会と、Bという打ち合わせがあったら、わざと2つの会合を同じ店の別のテーブルで同時に開催することもありました。

多いときは、3つの会合を同じ店で同時に進行し、私が各テーブルを渡り歩いたことも。そのうち、AとBとCのテーブルの人たちが交流して、AとB、BとC、AとCの関係ができたりします。

こんな離れ業ができたのは、当時、リクルートが直営しているレストランが会社のビルの下にあったことも大きかったと思います。

そのレストランを私はほぼ毎日独占して、「ひとりサロン」状態で使っていました。自分でレストランを毎晩借り切っていたら、大変な出費になっていたでしょう。

このことひとつとっても、会社にはたくさんの資源が蓄積しています。

組織に留まっている間は、会社の資源を徹底的に活用して、プロになるための修業を積むようにしましょう。

時間確保術❶――「SSK」（接待、査定、会議）を減らす

早くプロになるためには、「何をやるか」とあわせて「何をやらないか」も重要です。

1％のプロになるためには1万時間を捻出しなければいけないので、ムダなことに時間を割いている暇はありません。

しかし、会社で偉くなればなるほど、自分がしたいことはできなくなっていきます。できるだけ部下に仕事をまかせて育成をはかるのが、上位の管理職の仕事だからです。

したがって、仕事ができる人ほど自分の時間が、次の3つに侵食されていきます。

①接待や部下との同行営業
②部下の査定や人事の問題
③会議とその根回し

そのすべてがムダだとはいいませんが、非生産的なものが多いのも事実です。

私は「接待」「査定」「会議」の頭文字をとって、「SSK」と呼んでいます。

管理職は会社にいる時間の6～7割が「SSK」に割かれ、多い人だと9割に達する人もいます。「SSK」は、いわば会社にいることの〝税金〟です。

そんなに時間を投じて、「接待」のプロになっても仕方がありません。

部下のマネジメントはやらなければいけませんが、「査定」のプロになっても誰にもリスペクトされません。

「会議」のプロになっても、ファシリテーターになるのでなければ意味がありません。「SSK」をせめて3割に減らさないと、自分が本来、やるべきプロの仕事ができなくなります。

「接待」を含め、会社がらみの飲み会に参加することを減らす。どうしても断れないなら、一次会だけ参加して、二次会を断る。みんなが盛り上がっているときに、「お先に失礼!」と切り上げる技を身につけないといけません。

部下の「査定」やマネジメントの時間はなかなか削れないとしても、「会議」の時間はもっと短縮する。たとえば、事前に参加メンバーに議題と検討項目のレジュメを配り、会議のゴールを宣言しておくだけでも、ずいぶん短くなるはずです。

時間確保術❷――時間にルーズな人間とは付き合わない

自分と時間のスピード感が違う人間と仕事をするほど、イライラさせられることはありません。自分のほうが時間の感覚が速く、相手のほうが遅い場合、相手に自分の時間をとられてしまう危険があるので、一緒に仕事をするのは避けたほうがいい。

仕事仲間は、自分と時間感覚が合う人を選びましょう。

では、どうやって相手の時間感覚を判断するか。

相手の時間感覚はあらゆる場面であらわれます。たとえば、メールの返信スピード。すぐに返ってくるか、数時間後か、翌日か、数日後か。これもひとつの時間感覚です。

部下や後輩にレポートの作成を頼んだときに、締め切りまでに仕上げてくるか。命じてからすぐに取り掛かるか、締め切り間際になって取り組むか。平気で締め切りを過ぎて、こちらが催促してやっと提出するのか。

ビジネスパーソンにとって「納期」を守ることは基本なので、これが守れない人はまずい。

上司に対しても、たとえば、急ぎの報告書の確認をお願いしたのに、それがいつまでも机の上に放置されているような人は要注意です。

それ以外でも、飲み会などで「夜8時に渋谷で」と待ち合わせしたときに、何時にどういう表情でやってくるかでもわかります。

10分前には来ている人、時間ピッタリに来る人、「何分遅れる」とケータイに電話してきて遅刻する人、連絡はないが走ってくる人、悠然と遅刻してくる人……。

平気で遅刻する人は、仕事においても締め切り感覚の甘い人が多い。「絶対に間に合わさなければならない」という倫理観や意志力に欠けているからです。

それがない人とは、極力一緒に仕事をしないこと。

逆に、時間感覚が自分より速い人と一緒に組めば、仕事も速く進みます。仕事の密度が濃くなり、アウトプットの量も増える。

そうして生まれた時間を、自分の1万時間の練習に投じるのです。

時間確保術❸――ゴルフを一切やらない

「社会人にとってゴルフは必須。職場の人間関係や取引先とのビジネスを円滑に進めるために、ゴルフの付き合いは欠かせない」

そう思ってゴルフスクールに習いに行ったり、練習場で打ちっぱなしに励んでいるサラリーマンも多いのではないでしょうか。

しかし、ゴルフは時間をとられすぎます。練習にも相当な時間を費やさないといけないし、遠出して実際のゴルフコースを回るとなると、週末の早朝から夜遅くまで、丸1日とられてしまう。

B領域をめざす人は、中途半端にやるくらいなら、すっぱりやめるべきでしょう。

仮にプライベートだとしても、職場の上司が加われば、車で迎えに行くのは結局、部下の役割になります。20代、30代の社員が自分で車を運転して、上司を迎えに行かなくてはなりません。

ゴルフが終わったら、温泉に入って宴会になります。もちろん、運転手はお酒を飲みませんが、それでも帰りの運転は相当キツい。

早起きと運動、温泉で眠気が襲ってくる。まさに命がけの運転になります。

私もリクルート時代、若いころは接待ゴルフや仲間内でのゴルフをよくしました。しかし、30代でメニエル病になったことと、仲間が事故を起こしたことがきっかけで一切やめました。

ある日のゴルフ帰り。一緒に行った同僚が高速道路で居眠り運転をして、道路脇のガードレールに衝突したのです。

幸い命に別状はなく、軽いケガだけで済みましたが、運転していた同僚の額から血が流れているのを見たとき、「ゴルフは命がけでやるスポーツじゃない」と思いました。いまでも時間と命を引き換えにしてまでやる必要性はまったく感じていません。

ゴルフを断りはじめた当初は、ビジネスパーソンとして何かを失う恐怖感がありましたが、実際にやめてみると、さほどのダメージがないことに、逆に驚きました。

上司や仲間とゴルフに行かなくなったからといって、仕事の情報が入らなくなったり、人間関係が悪くなったりしたことはありません。

それまで自分が「ビジネスパーソンたるもの、ゴルフをしないといけない」と思い込んでいたことに気づかされ、あきれてしまいました。

宴会術――病気を言い訳に、どんな宴席でも夜10時には退席する

「すいません。メニエル病なんで、私はこの辺で失礼します！」

「すいません。メニエル病なんで、二次会はパスさせてもらいます！」

「すいません。メニエル病なんで、ゴルフは残念ながらやめました！」

私はメニエルという病気を味方にして、こんなセリフを繰り返し、ムダな時間から逃げ回ってきました。

そのうち、「あいつは病気だから、しょうがないよ」という免罪符になりました。「メニエル病なんで」と断れば、相手はよくわからないけれども深追いはせずに、「ああ」と了解してくれるようになったわけです。

メニエル病というのは、めまいや吐き気が起こる病気ですが、ちょっと謎めいていて、どんな病気かわかりにくい。それがかえってよかったのだと思います。

ちなみに、メニエル病は5年でほぼ完治しましたが、この病気を言い訳に「お先に失礼する」習慣はずっと続けています。

おかげで、宴たけなわの夜9時とか10時に、シンデレラのように私は消えることができます。たとえ私自身が呼びかけた集まりでも、相手が上場企業の社長でも、戸惑う人たちを置き去りにして、私はさわやかに帰ってしまいます。

もしあなたに軽い持病があるなら、それを断る口実に使って、自分の時間をつくることをすすめます。

断るのが苦手な人は、それぐらいしないと、ムダな時間に忙殺されてしまう。ましてや、1万時間を捻出することが不可能になってしまうからです。

ただし、病気の種類によっては相手にマイナスのイメージをもたれる可能性もあるので、そこはよく考える必要があります。

重いイメージの病名では相手がギョッとしてしまうでしょう。その点、メニエル病はちょっと知的な感じもして、使い勝手がよかったといえます。

冠婚葬祭術――結婚式には出ない、葬式も本人を知らなければ出ない

管理職になると、若い部下を抱えるので結婚式に招待される機会も増えます。役職が上がるほど、義理やしがらみで呼ばれることも増えますよね。

招待された結婚式のすべてに出席していたら、ゴルフと同様、多くの土日を費やさなければいけなくなります。

私はある時期から結婚式には出ないと決めました。

30代までで50組近くの結婚式に出て、15組以上の司会も務めましたし、自分の結婚式に招待した人の人数分は、もう十分にお返ししたという気持ちがあったのです。

新郎新婦のどちらかと親しい間柄で、結婚式の案内状が届いた場合には、個別に2人を自宅に招いて、ワインなどをごちそうし、ゆっくり話を聞きながら祝福するというスタイルに変えました。

葬式も、亡くなられた本人と本当に親しかった場合や、亡くなられた親御さんの顔をよく知っている場合以外は出ないことにしています。会ったこともない私が参列しなかったからといって、不義理ということにはならないと思うからです。

自分や自分の親の葬式を想像してみても、顔も知らないような人に来てほしくない。形だけの弔電や香典もいりません。

その結婚披露宴に本当に出る必要があるのか。その葬式に出ないことは本当に不義理になるのか――。

よく考えないまま出席していると、時間がいくらあっても足りなくなる。

何か自分なりの基準を決めて断ること。そうでもしなければ、忙しいビジネスパーソンが自分の時間を確保するのは難しいでしょう。

効率的なテレビの見方——テレビはニュースとドキュメンタリーしか見ない

時間を浪費しがちなものとして、テレビにも触れておきます。

テレビ番組はついつい時間を忘れて見てしまうので、B領域をめざす人は、いっそテレビごと捨ててしまってもいいくらいだと思います。

早くプロになるには、どの時間を活かして、どの時間を捨てるのかを絶えず選択しなくてはなりません。無意識に見ているテレビの時間は、まったくのムダ。

情報収集の観点からも、テレビはけっしてよくありません。

テレビからの情報には、それを伝える人のさまざまな先入観や偏見のバイアスがかかっています。あまり見すぎると、キャスターやコメンテーターが評論していた言葉を、そのまま受け売りで自分の意見のように話してしまう危険がある。

私は基本的にニュースとドキュメンタリーを選んで見ています。

それは、客観的事実を扱っているからですが、それでもつくり手のバイアスがかかって編集されていることを忘れてはいません。

かくいう私も、もともとはテレビっ子でした。

1955年に生まれ、当時皇太子だった上皇陛下ご夫妻のご成婚が1959年。それを機にテレビが一気に日本に普及したので、テレビとともに人生を歩んできたといっても過言ではありません。おまけにひとりっ子で、食事の間もずっとテレビをつけっぱなし。

ところが妻の実家では、食事のときはテレビを消して、その日にあった出来事を家族みんなでおしゃべりしながら食べていました。

わが家に長男が誕生し、話しはじめるようになると、妻は実家での習慣にのっとり、食事中はテレビを消すことを提案しました。

その後フランスで1年間暮らすと、向こうにはこんな考え方があることを知りました。

「リビングにテレビがあるのは、会話を楽しむ教養がない人がすること」

そこで、フランスから日本に戻ったとき、リビングからテレビをどかしました。おかげで家族の会話が増えました。

B領域の人にとっては、テレビを見る時間をどうマネジメントするかは大事でしょうね。

アナログ手帳術――スケジュール管理とダイアリーはすべて手帳1冊で管理する

自分の時間を確保するツールとして、手帳を欠かすことはできません。

最近は手帳もさまざまなタイプが登場し、パソコンやスマートフォンでも時間管理ができるので、どの手帳がいちばんいいか試行錯誤している人も多いでしょう。

参考までに、私の超アナログ手帳術を紹介しておきます。

私はもう20年以上、「能率ダイアリー B5 月間ブロック」タイプの黒い手帳を使い、この1冊でスケジュール管理とダイアリーを集約しています。

左側に1週間のスケジュール欄、右側にノート欄、後ろに大量のノート欄がついているタイプです。たとえば、左のスケジュール欄に講演の予定を書いたら、右のノート欄に講演の内容をまとめておきます。

誰かと食事をする予定をスケジュール欄に書いたら、お店の名前と電話番号もメモします。終了後、領収書をもらえば、それもノート欄に貼っておきます。

読んだ本のタイトルはノート欄にメモし、原稿や講演のネタになる資料も同じくノート欄に貼っておきます。

さらに、スリーエムの付箋（25㎜×75㎜タイプ）を使って、来年も必要な事項を書いて、毎年手帳に貼り換えていきます。

すべてを1冊に集約すると、ダブルブッキングの心配がありません。メモした場所を忘れても、手帳のどこかに書いたことは確かなので、絶対に見つけられます。

個人情報がたくさん書いてありますが、字が汚いので私にしか読めません（笑）。パスワードをかける必要もなく、セキュリティー面もそれなりに優れています。

ノートの最終ページにはポケットがついていて、そこに写真を数枚入れています。自分でプロデュースしている時計やコーポラティブハウスの部屋、わが家の愛犬、さだまさしさんと一緒に撮った写真。この写真を取り出して、「さて、どっちがさだまさしでしょう？」と聞くと笑いがとれます。

1年が終わったら、手帳は保存しておきます。十年分の記録をキープしています。ただ、これまで見返したことは一度もありません。

いつか子どもたちが、「自分の父親はいったい何を考えて、どんな人と会っていたのか」と思ったときに読むかもしれませんが、はたして私の字を判読できるかどうか。

こうした機能をパソコンやスマートフォンで実現するのは私には無理なので、今後もこの超アナログ手帳術を続けていくつもりです。

条件6　知名度があるか、ないか

→知名度を上げるために、小物にこだわれ！

B領域をめざしていずれ独立してプロになるつもりなら、会社にいる間から社外での自分の知名度を上げておかないと、会社を辞めても仕事がまわってきません。

知名度を上げる方法としては、まずは名刺にこだわることです。

名刺活用術——シンプル・イズ・ベストでごちゃごちゃ書かない

「社内自営業者」は、組織にいながらプロとしての顔をもつということ。

そうした「プロ志向」の人が増えてきたせいか、最近は会社の名刺のほかにもう1枚、プライベートの名刺を作成して、2枚渡す人も増えています。

しかし、大変申し訳ないのですが、私はひとりの人から2枚もらっても、とっておきません。

名刺が4つ折り、8つ折りになっていて、そこに自分の決意表明を書いている人もいますが、そんなものを渡されても、「なぜわざわざ広げて、あなたの決意を読まなきゃいけないの？」と思ってしまいます。

プライベートの名刺をつくるとき、または独立して名刺をつくるとき、ごちゃごちゃ余計なことを書くのはやめましょう。シンプル・イズ・ベストです。

私が40歳でリクルートを退職し、42歳から使っていたのは、左のような名刺です。名刺の右上に横書きで名前。真ん中に連絡先とメールアドレス。そして、私のホームページ「よのなかｎｅｔ」のＵＲＬを記載しました。

一見、シンプルですが、じつは少々しかけがあります。

名刺全体に点字を焼き付けました。これは知人が経営している印刷会社に頼んだもの。よくある打ち出しの点字だと、細かい字は飛んでしまうのですが、この点字は樹脂を焼き付ける特殊な技術なので、紙だけでなく、鉄でもどこでも焼き付けられます。この印刷会社を応援したかったこともあり、名刺を点字にして、下に印刷会社の連絡先も表示していました。

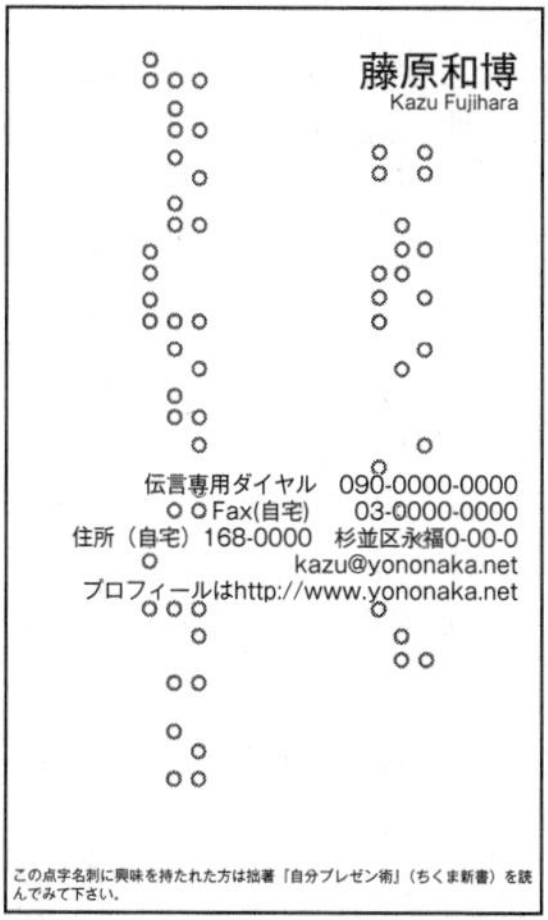

藤原和博
Kazu Fujihara
伝言専用ダイヤル　090-0000-0000
Fax(自宅)　03-0000-0000
住所（自宅）168-0000　杉並区永福0-00-0
kazu@yononaka.net
プロフィールはhttp://www.yononaka.net
この点字名刺に興味を持たれた方は拙著「自分プレゼン術」（ちくま新書）を読んでみて下さい。

リクルート退社後、作成した名刺

この点字付きの名刺を人に渡すと、会話のネタにもなります。「これ、何ですか?」と聞かれたら、印刷会社の説明をするのです。

何人かが実際にこの印刷会社に電話をして、点字付きの名刺を発注しました。人気作家の中谷彰宏さんもそのひとりです。

また、この名刺を渡すと、なんとなく信頼できそうな印象を与えることができるというメリットもあった。

つまり、名刺1枚で、人の役に立てて、自分のプレゼンにもなるのです。

名刺をつくるなら、自分の情報ばかり盛り込むのは、かえって逆効果になりやすい。さりげなく雑談ができて、それが自分の人となりを表すように工夫しましょう。

カバン活用術——会話のきっかけになる小物をたくさん入れておく

名刺にかぎらず、私のカバンの中には、自分をプレゼンして親近感をアップさせるためのさまざまな小物が用意されています。相手と何気ない会話でつながるためのフックをいろいろ用意しているのです。

たとえば、和田中で生徒に漢字を教えるために使っていた教材。

それから息子が小さいころ、節分のときに書いた絵。

「追い出そう。強い人だけ譲る鬼」と書いています。「なかなか正義感のある子だなあ」と感心しました。

ちょっと親バカかもしれませんが、こういうプライベートな一面を見せることも、相手との距離を縮めるには効果的です。とくに相手が子どものいる人なら、お互い、子どもの話で盛り上がるはずです。

私が通っているマッサージ店のメンバーズカードも入っています。

通常60分で6000円が当時の相場でしたが、ここは3000円。肩こりに悩んでいる人がいたら、すぐに取り出して教えてあげます。肩こりや腰痛に悩んでいる人は多いので、「どうやって解消しているのか」という話題で会話がはずみます。

秋田市の教育長からいただいたハイテク独楽（こま）もあります。（電池のある限り）永遠に回る独楽です。

「なぜそんなの、持ち歩いているんですか？」と聞かれたらしめたもの。教育の話にもっていきます。

こういう会話のとっかかりになるものを、いろいろカバンに仕込んでおくのです。

ちなみに私が愛用していたカバンは、北海道の馬具メーカー、ソメスサドルが展開しているブランド「パッサージュ」。

ソメスサドルは、中央競馬会の馬具をすべてつくっている日本屈指のメーカー。

フランスの子羊の革を扱うメーカーは、エルメスとソメスサドルにしか卸しません。ソメスサドルにはそれだけ高度な技術があり「日本のエルメス」と呼ばれてもいます。

ファッションに自信がない人は、とりあえずカバンでもシャツでも何かひとつにこだわる一点豪華主義でいきましょう。そのこだわりも会話のきっかけにしてしまうのです。

ホームページ活用術——年24万円でも投資対効果は十分ある

将来、プロになって独立することを考えるのであれば、独立した直後、もしくは独立する前から、自分のホームページやフェイスブックを開設しておきましょう。会社を辞めるなら、自分に興味をもってくれた人がアクセスしてくれる場が必要になります。それをネット上につくるのです。

私はリクルートを辞めて独立したとき、「よのなかｎｅｔ」のホームページを作成しました。こつこつコンテンツを充実させて、いまも改善を重ねています。

和田中の校長をやめてからは名刺すらもたなくなったので、ホームページが名刺代わりでもあります。名刺がなくても、ここにアクセスしてくれれば、メール送信フォームがあるので、そこから連絡してもらえます。フェイスブックでのかわら版的な商品開発情報やツイッターでのミニ放送局的なつぶやきも発信しています。

ホームページを作成する技術は残念ながら私にはないので、プロのウェブデザイナーに依頼しています。管理費は月2万円程度。15年間で500万円は投資していることになります。

しかし、それだけのリターンは十二分にあると思っています。

もし青山辺りにオフィスを構えて、そこに受付の女性を雇ったとしたら、いったいいくらかかることか。オフィス代だけで300万円、人件費にたとえば300万円、最低でも年間600万円はかかってしまうでしょう。15年間、投資したとしたら、なんと9000万円になります。

それがホームページなら15年間で500万円。比較にならないほど安く済みます。

では、わざわざ作成したホームページに何を書けばいいのか。

私は近況のほか、取り組んでいるプロジェクトの内容、書籍の紹介、講演スケジュールやメディアへの出演予定などを掲載しています。少し古いスタイルですが掲示板もあり、常連の方々と議論を交わすこともあります。

癒しのページとして、自宅で飼っている川上犬「ハッピー」のページもあり、これもなかなか人気です。川上犬は珍しい種類で、その貴重な出産シーンもアップしています。

こうしたホームページがあれば、名刺はとくに必要ありません。

写真活用術——いちばんいい顔をプロカメラマンに撮ってもらう

プロとして、自分のホームページなどに顔写真を載せるのであれば、やはり自分のいちばんいい表情をプロのカメラマンに撮ってもらったほうがいいと思います。

じつのところ、私も独立したころは、あまり顔写真にこだわっていませんでしたが、だんだんその重要性に気づいてきました。

私と会ったことがない人は、写真が第一印象になります。

写真を見て「いい人そうだな」「この人から何か得られそうだな」と判断して、本を買ってくれたり、講演に足を運んでくれたりするわけです。いわば、お見合い写真や就職活動の履歴書の写真のようなもの。

5万～10万円も出せば、プロのカメラマンが撮影してくれるので、ここはきちんと投資をしましょう。やはりプロにまかせると、ライティングや構図、表情のとらえ方がまるで違います。

私はこれまでホームページのほかにも、取材や本の帯に使う顔写真を数多くのカメラマンに撮影してもらいましたが、本当に腕のいい人が撮ると、自分でも見たことがない、いい雰囲気の写真に仕上がります。「自分史上、最高の表情だ」と驚くことさえあります。

せっかくですから、最高の自分をみなさんに見てもらい、より多くの人と交流するチャンスを増やしましょう。

出版活用術――自分の本を出すメリットはこんなにある

著書を出版することは、名刺やホームページをつくるよりもハードルが高いですが、ずっと重要です。独立するときに自分の著書があるかないかは、非常に大きいからです。

そもそもプロとして世の中に打って出るのであれば、自分がそれまでに蓄積したエクスパタイズ（専門性）をまとめて、1冊の本になるぐらいでないとおかしい。

では、どうすれば本を出すことができるのでしょうか。

大手の出版社はまったく無名の新人を、お金をかけて売り出すようなことはまずしません。大企業で目立った実績を上げたビジネスパーソンが自ら売り込んでも、企画がすんなり通るほど甘くないでしょう。

最初はやはり自費出版という方法が確実です。

ただし、自費出版でも他人に読まれるものをつくることが大事で、自分の武勇伝や自慢話をダラダラ書いてはいけません。

一時期、自費出版ブームがあり、定年退職後の男性が「自分史」と称して自慢話を書き連ね、それを知人に送ったりしたものです。そんな本では、送られた側はまったく迷惑。読む気にもなれません。

本の編集もプロに頼んだほうが賢明です。

出版不況の時代なので、若手のフリー編集者で仕事にあぶれている人も大勢います。そういうプロを探して編集を依頼し、まとめてもらうのです。

私のデビュー作は42歳のときに出した『処生術』（新潮社）ですが、元になったのは、その5年前に自費出版した『ライフデザイン革命』という簡易印刷の冊子です。

32歳から年に100冊以上、読書するようになり、5年ぐらい経ったころから、自分なりに言葉があふれ出るようになってきました。

そこで、ひとつのテーマにつき1000字と決めて、エッセーにして書きためていったのです。1992年の夏ごろから、週2編のペースで書いていたものが100編近くになったので、それを70編にしぼり、イギリスに留学する直前に20万円かけて

『ライフデザイン革命』というタイトルで印刷しました。

100冊自費出版して友人知人に配り、フィードバックをもらうことにしたのですが、その冊子に、次のようなしおりも付けました。

みっつのお願い

ひとつ　この本は、さとうきびで作られています。いつか腐って土に還ります。「食べちゃいたい」という方は、おいしく料理してからお召し上がりください。

ふたつ　この本は、拾い読みしてくださった方が、本文の上や下にご自分の意見やイラストを書き加えて増殖してゆく本です。表紙や裏表紙の裏にお名前をどうぞ。

みっつ　この本は、循環してゆく本です。所有されることを嫌います。次の方にお渡ししていただく時に、「藤原が帰国したら、返してください」と一言、お伝えください。

――店主――

私は冊子を読み継いでもらい、本を〝漂流〟させたかった。

2年半後、1996年の3月に帰国したとき、100冊のうち1冊が本当に漂流して返ってきました。その冊子を読んでくれた20人ぐらいの方の感想が、余白にびっしり書き込まれていたのです。

新たにイギリス留学とフランス生活で感じたことを原稿に書き足し、漂流して戻ってきた『ライフデザイン革命』とともに新潮社に持ち込みました。編集者が偶然同世代で感じ方が似ていたようで、ずいぶんと気に入ってくれ、タイトルを『処生術』に変えて1997年12月に書籍化しました。

自分が書いたものを漂流させて、多くの人に感想を書いてもらったことで独りよがりな内容を省き、客観的な視点を取り入れることができました。その戦術が編集者を動かしたのです。

この本は数万部売れて、取材依頼や講演依頼が舞い込むようになりました。

1冊の著書は、プロとしての自分を世の中にプレゼンするために効果絶大です。

いまはインターネットがあるので、自分が書いたものや撮った映像を多くの人の目に触れさせ、コメントをつけてもらうことが簡単にできます。

まずは、自分がこれまでの人生で蓄積したエクスパタイズ（専門性）をまとめるところから始めてみてください。

メディア活用術──雑誌の連載、新聞、ラジオ、テレビを使いこなす

本を1冊出すと、その内容がレアであればあるほど、メディアのほうから見つけてくれます。

いまはツイッターやフェイスブック、インスタグラムなどのSNSがあるので、レアな人の情報は一気に拡散します。そうすれば、自ら売り込まなくても、メディアの側からアプローチしてきてくれるでしょう。

雑誌や新聞に取材されると、本を出した以上に、知名度はアップします。

編集者の目に留まって、「この人に何かエッセーや評論を書かせれば面白そうだ」と思われれば、「何か連載してくれませんか？」と声がかかります。

さらに、ラジオやテレビにも出演するようになれば、その波及効果はとてつもなく大きくなります。こうなると、有名人の仲間入りです。

私の場合、2001年から『日経ビジネス』で書評の連載を依頼されました。「成熟社会を生き抜くための本をビジネスパーソンに紹介する」というテーマです。

リクルートの社員だった私がヨーロッパの「成熟社会」をいち早く見てきた、その体験や知識がレアだったからでしょう。この連載は2009年まで9年間にわたって続きました。

2003年に「民間企業出身の公立中学校校長」となり、東京都では義務教育初の民間校長だったこともあって、さらにレアさが増し、さまざまなメディアから取材を受けるようになります。

2013年には、朝日新聞の企画で、「乃木坂46」のみなさんに私が「よのなか科」を教える記事が毎月掲載されるようになりました。この連載はのちに『乃木坂と、まなぶ』（朝日新聞出版）というタイトルで出版されました。

同年、NHKの『ハーバード白熱教室』でおなじみのマイケル・サンデル教授と「理想の学校」や「いじめ問題」について討論する番組に出演。『朝まで生テレビ！』で「教育」がテーマの回にも呼ばれるようになりました。

一度、レアな人として有名になると、「このテーマのときは、あの人に頼もう」とメディアの人が思い出してくれるので、次々とお呼びがかかるのです。

講演活用術――お車代3万円の人、10万〜20万円の人、50万円の人、100万円の人

知名度が高まると、講演やセミナーの依頼も来るようになります。

私は累計で1500回を超える講演をしているので、講演事情に詳しくなりました。

一口に講演といっても、やはりレアな人かどうかで序列があります。

簡単にいってしまえば、「お車代3万円」の人、「10万〜20万円」の人、「50万円」の人、「100万円」の人がいるということです。

サラリーマンからすると、「1〜2時間、話しただけで100万円？」と思われるかもしれませんが、上には上がいます。

アメリカの大統領経験者なら、おそらく1時間で1500万円ぐらいでしょう。それは彼らが「超」がつくレアな人だからです。

講演界での序列を上げていくには、まずは「お車代3万円」だろうと何だろうと引き受けて、聴衆に価値ある話を提供し、満足してもらうことです。

聴衆が「つまらなかった」と思えば、リピーターになってくれず、主催者からもお呼びがかからなくなります。

私は一度として、手を抜いたことはありません。

価値をきちんと出せているかどうかを自分で確かめるために、講演の最後にこんなことをしています。

仮に、企業研修の講演料が50万円で、100人のサラリーマンが集まっていたとしましょう。その100人に対して、「今日の私の話は、自分のポケットマネーから5000円出しても元はとったと思われる人だけ、拍手してください」と呼びかけます。もし全員拍手してくれたら、5000円×100人=50万円で、講演料分の付加価値は提供できたということです。

どんなに講演慣れしても、毎回、価値を出せたかどうかにこだわっていく。それが講演界での自分の序列を上げ、リピーターを増やしていく秘訣です。

出張活用術——チケットは相手にとってもらい、日帰りが基本

私は年間100回ほど講演をしていますが、秘書を雇わず、自分のパソコンだけで事務処理をしています。

3日に1回の計算になるので、本来なら膨大な手間がかかります。それがなぜひとりでできるかというと、移動の手配を一切しないからです。

自分で交通チケットの手配をしたら、やはり秘書がいなくては回らないでしょう。

私はすべての講演の主催者にチケットをとってもらい、自宅に送ってもらうようにしています。いわば、相手の秘書を使っているわけです。

主催者側にチケットをとってもらうと、たとえば悪天候で飛行機が飛ばなかったり、新幹線が遅れたりしても、こちら側の責任は問われないという利点もあります。

これは非常に大事なポイントです。

自分でチケットをとったら、悪天候のせいでも、「どうして天気予報を見て、もっと早く現地に入ってくれなかったのですか」と責められる恐れがあります。

しかし、私は1日前に現地入りするのが嫌で、沖縄だろうと、北海道だろうと、日帰りします。

1日前に入って、ある地点からある地点まで乗り継ぐようなスケジュールを組むと、どこかの予定が崩れたときに、すべてのスケジュールに影響が出るからです。だから、講演ごとに必ず区切りをつけて、いったん東京に帰るようにしているのです。

大阪の講演に行って、いったん東京に帰り、翌日、広島の講演に行って、また東京に帰り、その次の日は、福岡の講演に行って、東京に帰る……なんてこともあります。

この話をすると、「移動時間がもったいない」といわれることがありますが、私は移動時間や待ち時間をすべて読書にあてているので、全然ムダだとは思いません。むしろ本がたくさん読めて好都合です。

どうしても日帰りできない仕事の場合でも、私は「出張は二泊まで」と決めています。なるべく身軽に動きたいからです。

宿泊日数が長くなるほど、荷物が多くなってしまいます。飛行機でスーツケースを預けると、受け取るのに時間がかかるし、最悪、出てこないリスクもあります。二泊までなら、機内に持ち込める手荷物程度の大きさのカバンに、ワイシャツ2枚、シャツ、下着、靴下の替えを入れるだけ。ジャケット、ズボン、コートは二泊なら同じもので通します。

このように、なるべく自分の手間を減らし、身軽にしておくことが重要です。独立すると、自由な時間が増えるようで、じつはサポートする人がいないと手間が増えることが多いのです。ひとりで何でもやろうとすると、作業が膨大になってしまう。

だから、すべてをミニマム化する必要があります。

秘書を雇わず、相手の秘書を使う。事務所ももたず、見栄のためにお金は使わない。バブルのころは、青山に事務所を構えて、ポルシェやBMWを乗り回す人がたくさんいましたが、それをいまやっても誰もリスペクトしないでしょう。まともな人にリスペクトされたいなら、妙な見栄は捨てて、プロとしての自分のブランドだけで勝負すべきです。

いつも身辺はきれいに――金と異性に気をつける

もし誰もが知っている有名人になろうと思ったら、身辺はきれいにしておかなければいけません。とくに金と異性にはご用心。

日本のマスコミは、有名人をさんざん持ち上げておいて、「そろそろ大衆が飽きてきたかな」と思うころに下に落とし、徹底的に叩く傾向があります。

とくに、金と異性のスキャンダルは当事者をつぶすまでやります。歴代の男の政治家はほぼ金と女でつぶされています。

有名になる前から心配するのもなんですが、有名になってから過去のスキャンダルが暴かれることもよくあること。

プロとして有名になるつもりなら、いつか自分の生涯を描いた評伝を凄腕ジャーナリストに徹底取材されて書かれてもいいように、いまから気をつけておきましょう。

条件7 自由、寂しさにたえられるか、たえられないか
↓自由、寂しさにたえられる人になれ！

定期券を買わない寂しさにたえられますか？

Ｂ領域をめざしてきた人が、ついにプロとして独立する日がやってきました。1万時間を費やしてスキルを磨いた。稼ぐ自信もある。これで「社内自営業者」ではなく、晴れて自営業者だ。サラリーマン生活とはおさらばできる――。

しかし、会社勤めをしているときには見えなかった重大な落とし穴が、ここに待ち受けています。

毎日、通勤しているころは、会社を辞めたらどんなにせいせいし、満員電車に乗らなくていいのはどれほど自由な気分だろうと想像しますが、いざ本当に自由になると途方に暮れて、孤独に陥ってしまう人も少なくありません。

自由ゆえの孤独のつらさを、Ｂ領域をめざす人は覚えておかなければいけません。孤独に弱い人は、Ｂ領域をのぼりつめることはできないでしょう。

渡辺淳一さんの小説『孤舟』（集英社）の中には、定年退職した男性の悲哀が描か

れています。

朝、目覚めても、夜まで予定が何もない。布団の中で、「今日はどこに出かけようか」と思案する。半年も経たないうちに、自由な時間が苦痛に変わってしまうのです。

みんな一緒に満員電車に揺られていれば、とりあえず孤独ではありません。なんとなく仕事をしているような錯覚も生まれます。

しかし、「明日から会社に来ても来なくてもいいよ」「電車に乗らなくていいよ」といわれたら、その自由さにかえって恐怖を感じてしまう。定期券を買わない寂しさというものもあるのです。

それにたえられるかどうかが、Ｂ領域をめざす人にとっては非常に重要です。

レアな人は孤独な人でもある。

「100人に1人」の人は、そのほかの99人よりも孤独です。「1万人に1人」になれば、もっと孤独さが増し、「100万人に1人」になれば、もっともっと孤独さが増すことを覚悟してください。

その孤独にたえられないなら、「みんな一緒」の「100分の99」「1万分の9999」「100万分の99万9999」の人に甘んじるしかありません。

本当の自営業者になるまでに、孤独にたえる強さを養い、準備しておきましょう。

そうでないと、独立してから「やっぱりみんなと一緒に群れていたい……」と泣く羽目になります。

本当の自営業になっても、きちんと夏休みをとれるか

本当の自営業者になれば、休みをいつとるかは自分の自由です。1週間といわず、1カ月でも1年でも休みたければ休んでもいい。

これもまた世のサラリーマンが恐怖を感じるところです。

サラリーマンは、9時に出勤して、正午からランチ、夕方か夜に退社……と基本的な時間割が決められています。

出世していくにつれて、会議や会食、土日のゴルフ、夏休みの時期なども、秘書がスケジューリングしてくれるようになります。営業部門の部長はいつ、どのお客様と会うかまで全部埋められていきます。

そういう意味で、サラリーマンは偉くなるほど、自分で時間のマネジメントをしなくなり、スケジュールを組むのも下手になっていきます。

そういう人が独立して、すべての時間が自由になると、ものすごい不安を感じます。夏休みひとつとっても、どこでどうとっていいか、わからなくなる。

もともと日本人は長い連続休暇をとることが苦手です。

リクルートには1カ月の連続有給休暇制度がありましたが、当時、誰も取得しませんでした。

「やっぱり人事部長が見本を見せなければいけないだろう」というので、当時の人事部長が無理矢理とったことがありました。すると、どうなったか。

人事部長はどこにも出かけず、あろうことか、自宅周辺をうろうろしていたのです。そして、しょっちゅう会社に電話をかけてきては、仕事の様子を部下たちに聞いていました。

自分だけ1カ月休んでも、子どもたちは休みではないし、妻だって、子どもが学校に行っていれば、夫に付き合って1カ月も留守にするわけにはいかない。そんなわけで長期休暇を無為に過ごす羽目になったようです。

組織にいるときから孤独と自由に慣れておかないと、こういう寂しい事態が待っています。

独立したら、夏休みをいつとるかを考えて、さっさと旅行先の宿を予約してしまいましょう。それぐらいしないと、長年、会社に刻み付けられた時間感覚からは抜けられません。

▼B領域をめざす人へのメッセージ

B領域で「100人に1人」になるには、まずはひとつの分野に1万時間を投資して、稼ぐための技術をマスターしてください。

それができたら、別の分野に1万時間を投資し、掛け合わせて「1万人に1人」をめざしましょう。3つの分野を掛け合わせれば、「100万人に1人」も夢ではありません。

レアな人ほど年収が高くなることを意識して仕事をすることが大切です。

第3章

C 経済以外の価値×権力志向→公務員タイプ

「つながり」を求める人の4つの条件

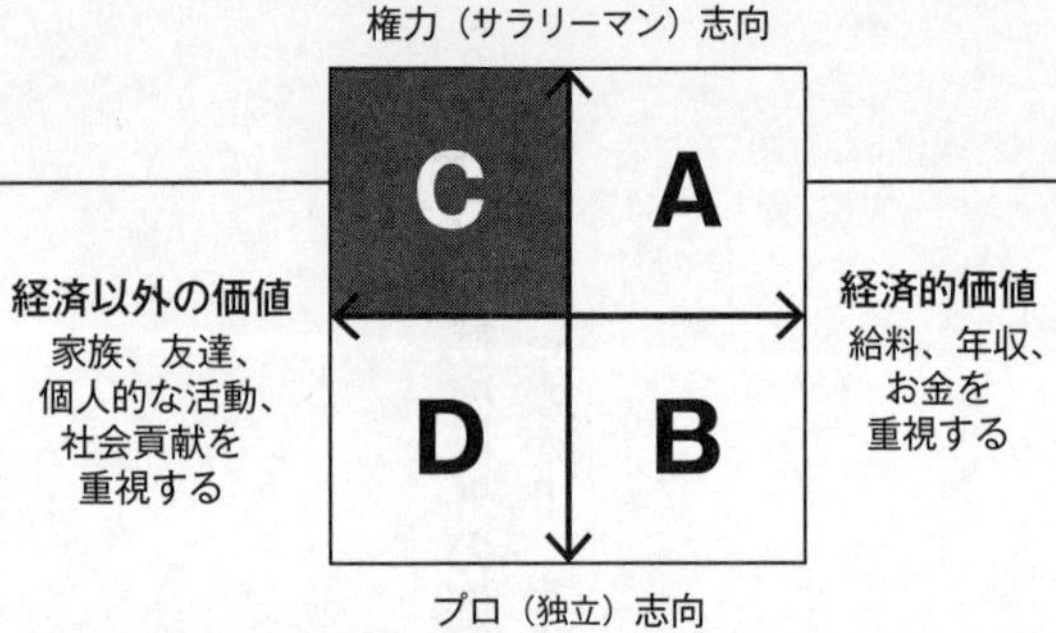

権力（サラリーマン）志向

経済以外の価値 家族、友達、 個人的な活動、 社会貢献を 重視する	C	A	経済的価値 給料、年収、 お金を 重視する
	D	B	

プロ（独立）志向

［条件 7］仕事以外で他者からクレジット（信任）を得られるか、得られないか

▶自分を高値で売らず、安売りする
▶いかに他者からの信頼と感謝を増やせるか

［条件 6］組織以外のリアルなコミュニティーに属しているか、いないか

▶「一山主義」から「連山主義」へ
▶被災地に行ってコミュニティーを築く
▶たったひとりでも世界は変わる

［条件 5］ムダな時間にたえられるか、たえられないか

▶組織にいるための“税金”と思って、「SSK」（接待、査定、会議）にたえる
▶飲み会では幹事を引き受ける、結婚式と葬式には必ず出席して仕切り役を担う
▶ゴルフはほどほどに、テニスで交流を深める

［条件 4］組織に必要とされる最低限のスキルを身につけられるか、否か

▶追い出したくても追い出せない人になれ!――自分なりの専門か大口得意先をもつ
▶「かわいげのあるイイ人」になれ! ――男性こそ愛嬌が大事な時代

Ｃ領域は、「経済以外の価値」を重視しつつ「権力志向」がある、いわば「公務員タイプ」の人です。

組織において仕事はそれなりにしつつ、ほかのコミュニティーでも人と関わりながら自分を活かしていくことを目標にします。一言でいえば、「つながり」を求める人。いまの仕事にあまり情熱はないかもしれないけれども、独立する勇気や実力はない。会社や組織には籍を置きながらも、仕事以外で自分なりの生きがいや充実感を得たいとも考えています。

「権力」を求めるかどうかはともかく、「経済以外の価値」の実現をめざすという意味では、ＮＰＯ・ＮＧＯ・財団などの仕事もここに入るでしょう。

Ｃ領域で１％の人になるための条件を４つ示します。

条件4　組織に必要とされる最低限のスキルを身につけられるか、否か

→組織に必要とされる最低限のスキルは身につけろ！

追い出したくても追い出せない人になれ！――自分なりの専門か大口得意先をもつ

C領域を突き進んでいく場合、まずは会社や組織に自分の席を確保しつづけるのが大前提になります。クビになってしまっては元も子もありません。

それには、自分がいま所属している組織に足場を置いて、会社や上司から必要とされる最低限のスキルを身につける必要があります。

その組織で出世して年収を上げるためというより、組織から追い出されないようにするためにです。

きちんと毎月、給料をもらえるからこそ、ほかのコミュニティーに自分の居場所を求めることができます。自分なりのやりがいや幸せを追求することもできます。

独立する気持ちも能力もない人が、組織から放り出されて無職になったら、ほかのコミュニティーどころではなくなってしまいます。

では、組織から追い出されない人材になるには、どうすればいいのか。

ひとつは、自分なりの専門をもつことです。上司からすると、その人にいちいち聞かないと仕事を先に進めることができないような人になるということ。

じつは中央官庁のノンキャリア組がこれです。

彼らは、自分の専門の仕事を10年、20年と続けています。

一方、キャリア組は優秀な人ほど2年ぐらいでどんどん異動していくので、実務をこなすうえで絶対に専門のノンキャリア組をはずすことができません。専門分野の仕事はノンキャリア組に握られてしまっているからです。

もうひとつ、会社が追い出したくても追い出せない人は、大口得意先を握っている人。

いい顧客をしっかりつかんでいて、その人がいなくなったら給料分以上の損失を与えるようになれば、会社は絶対に辞めさせることができません。

逆にいうと、専門がない人や顧客を握っていない人は、リストラの対象になりやすいということ。

C領域をめざすなら、まずは自分専門の仕事を意識的につくりましょう。自分がいなくなったら、周囲が困るような仕事ぶりでです。

それは何も専門性の高い仕事とは限りません。あまりに煩雑で誰も手をつけないけれども必要な仕事であれば、自分から手をあげてやるのもひとつの手です。

そうすると、自然にその仕事はあなたの専門になり、言葉は悪いですが「ブラックボックス化」していきます。

それと並行して、大口の得意先を見つける努力もしましょう。

専門と顧客を手にすれば、あなたの身はかなり安泰です。

「かわいげのあるイイ人」になれ！——男性こそ愛嬌が大事な時代

特別なスキルもなく、とりたてて仕事ができるわけでもない、それなのになぜか周囲に愛される人がいます。

「体育会系の男性は就活で有利」という神話がかつてありました。

根性がある。上下関係をしっかり守る。礼儀正しい。つらい仕事にもたえて、上司に反論しない——。そんな気質が、日本企業のタテ社会に合っていたのでしょう。

しかし、最近、大企業が採用している男性は、「かわいげのあるイイ人」に変わってきたという印象を私はもっています。体育会系を重用しそうな大手不動産業界でも、「かわいげのあるイイ人」が増えてきました。

営業マンとして生き残っているのは、愛嬌があって、細かいことにもよく気がつく、しっかりした人が多い。体力だけで勝負してきたような人や、客を騙してでも契約をとってやろうというガツガツ系の人はあまり見かけなくなりました。

不動産業界にかぎらず、あらゆる業界で「かわいげのあるイイ人」が台頭してきています。その理由を考えると、おそらく「かわいげのあるイイ人」は、年配の女性にかわいがられるからではないでしょうか。

住宅、自動車、家電をはじめ、あらゆる商品の買い物は、一家の財布を預かる女性に決定権がある場合が多いもの。だから、このタイプが顧客をがっちり握ることができるのです。

また、「かわいげのあるイイ人」は高い実績を上げたとしても、同僚を蹴散らしてガツガツ仕事をするタイプではないので、まわりに足を引っ張られることも少ない。つまり、「かわいげのあるイイ人」という一見、弱そうに見える特徴が、逆に強みになるのです。

体育会系の強さは暑苦しいけれど、「かわいげのあるイイ人」の弱さは、周囲の人を癒し、手を差し伸べたいと思ってしまう。だから、最終的に生き残れるわけです。

これからの時代、「男性こそ愛嬌が大切」です。C領域で「100人に1人」の1%の人をめざすなら、人に愛されるキャラが大事なのです。

条件5　ムダな時間にたえられるか、たえられないか

→ムダな時間にたえられる人になれ！

組織にいるための〝税金〟と思って、「ＳＳＫ」（接待、査定、会議）にたえる

仕事はそこそこやって、組織に長くいつづけようと思ったら、「ＳＳＫ」（接待、査定、会議）にもたえなければいけません。

独立してプロになることをめざすＢ領域の人は、この「ＳＳＫ」を極力減らして１万時間を捻出する必要があると述べました。

しかし、Ｃ領域の人は、組織における自分の身の安定を確保するのがまずは先決ですから、組織にいるための〝税金〟をきちんと支払うべきです。

Ｃ領域の人に「ＳＳＫ」をやらないという選択肢はありません。ムダだと思っても我慢、我慢でたえましょう。

むしろ率先して「接待」を仕切り、部下の「査定」と指導に時間を割き、「会議」で議事録を自分からとって、みんなに配るぐらいの姿勢が必要です。

その姿を見れば、周囲の人はあなたを「いい人だなあ」と感じます。
それは組織に居座るための大きな武器になります。

飲み会では幹事を引き受ける、結婚式と葬式には必ず出席して仕切り役を担う

同じく「プロ志向」のB領域の人なら極力避けたほうがいい飲み会や冠婚葬祭も、C領域をめざす人は積極的に参加すべきです。

むしろ飲み会では幹事を引き受ける。結婚式に呼ばれたら必ず出席する。葬式は亡くなった本人を知らなくても必ず出る。そして、仕切り役を担当するのです。

ところで、葬式の手伝いにも、序列があるのをご存じでしょうか。

よく駅から葬儀場まで道案内の看板をもって立っているサラリーマンがいますが、じつは看板もちは序列が相当低い。

最も序列が高いのは、喪主について葬儀全体と受付の仕切りを担当する人です。

たとえば、作家が亡くなると、各出版社の覇権争いが起きます。いち早く駆けつけて、喪主につき、葬儀全体と受付までを仕切った出版社が勝ち。出遅れた出版社は看板もちの役目を負わされます。

C領域をめざすのであれば、こうした組織の行事に片っ端から出るくらいの覚悟をもちましょう。みんなが嫌だと思うことを機嫌よくやるからこそ、少々仕事ができなくても大目に見てもらえるようになります。

ゴルフはほどほどに、テニスで交流を深める

ゴルフが時間をとりすぎる命がけのスポーツだというのは、B領域の人と同じです。しかし、C領域をめざすならば、ゴルフをすっぱりやめるわけにもいきません。そこで私が提案したいのは、ゴルフはひかえめにして、テニスで交流を深めること。私自身、10年前からテニスを始めて、つくづく交流にはテニスのほうが合理的だと実感しています。

テニスはうまい人が楽しめるのはもちろん、下手な人も下手なりに楽しめます。たとえば、うまい人と下手な人でダブルスを組めば、盛り上がります。

しかし、ゴルフの場合は、4人で回るときに4人の実力がそれなりにそろっていないと、うまい人は待たされてイライラします。下手な人も、ほかのメンバーの足手まといになることを申し訳なく感じて、どちらも楽しめません。

ゴルフに時間をとられすぎて困っているC領域の人は、ぜひテニスでの交流を試してみてください。

条件6　組織以外のリアルなコミュニティーに属しているか、いないか

→組織以外のリアルなコミュニティーに属せ！

「一山主義」から「連山主義」へ――複数のコミュニティーづくりは早いほうがいい

右肩上がりの「成長社会」では、新卒で入った会社に定年まで勤め上げるのがサラリーマン人生の主流でした。

いわば、ひとつの組織の山をのぼっていく「一山主義」です。

昔は平均寿命がいまより短かったので、山を下りて数年後に寿命が尽きました。

しかし、平均寿命が延びたいまは、「人生100年時代」といわれるようになりました。仮に65歳まで勤めたとしても、まだ人生が30年ぐらいあります。

会社組織も、人生の最後まで面倒を見てはくれません。終身雇用はもう維持できませんし、それ以前に、定年まで組織が存続しているかどうかもわからないのです。

国も人生の後半の面倒を見切れなくなっています。年金の支給開始年齢はますます

上がっていくでしょう。

つまり、これからの時代は、いまいる組織とは別の山を自らつくり、その山に同時にのぼる、または状況に応じてひとつの山から隣の山に乗りかえる「連山主義」が必要になります［図表4］。

隣の山とは、要するにコミュニティーのことです。そのコミュニティーで、いまいる組織とは違う、本当のやりがいを求めていくのです。

そんなコミュニティーが複数あると、どんな状況でも豊かな人生を送ることができます。たったひとつの山では、人生後半がもちません。ただ下るだけのわびしい余生が数十年も続いてしまいます。

私自身、「連山主義」を意識しながら、いくつも別の山の裾野をつくってきました。

リクルートに在籍して営業やプレゼンの技術を鍛えていましたが、子どもが3人いるので、子どもが通っている地域の学校教育に関心をもち、コンピュータルームでの学習をサポートしながら教育分野に踏み込んでいきました。

また、「成熟社会」に関心があったので、リクルート時代にイギリス留学とフランス滞在を経験しました。住宅も昔から好きだったので、自宅を建てたり投資用マンションを購入する際に徹底的に勉強して、セミプロ級に。『建てどき』（のちに『人生の

［図表4］「一山主義」から「連山主義」へ

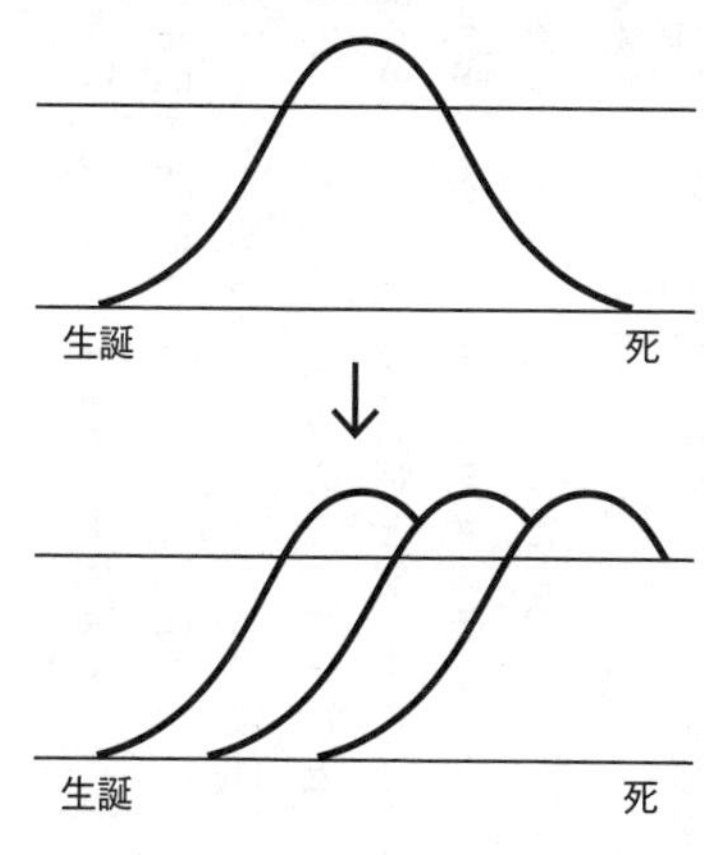

教科書［家づくり］』のタイトルでちくま文庫化。友人の建築家・隈研吾氏の解説）という著書はかなり売れました。

そうやってリクルートとは別の山をいくつもつくるべく、サラリーマンをしながらそれぞれの裾野を広げていき、何年もかけてコミュニティーを築いていきました。

リクルートを退職したあと、和田中校長になり、さらに奈良で一条高校の校長もするなど、それまでにつくっておいた裾野を、約5年おきに連山に仕上げていっている感じです。

C領域をめざすには、いまいる組織をベースにしながら、自分が関心のあることに裾野を広げていくのが現実的です。

高い山には広い裾野が必要なので、早く始めるに越したことはありません。
すぐにコミュニティーづくりを始めて、5年、10年ぐらいのスパンで連山をつくっていきましょう。

被災地に行ってコミュニティーを築く

いまいる組織とは別のコミュニティーをつくるといっても、世の中にはどんなコミュニティーがあるのか、どうやって参加すればいいのか、まったく思いつかない人もいるでしょう。そんな人のために、ひとつ具体例をあげておきます。

よく異業種交流会で名刺を配りまくり、仲間やビジネスパートナーを探している人がいます。要するに、コミュニティーをつくりたいのでしょうが、パーティ会場でお酒を飲みながら名刺を配っても、確かなコミュニティーはつくれません。

そんなことをするよりも、志の高い人が大勢集まっているところに行って、一緒に何か同じベクトルの活動をしたほうが強固な人間関係が築けます。

ところで、志の高い人が多く集まる場所はどこにあるか、ご存じでしょうか。

そのひとつが石巻とバングラデシュ。普通の会社で収まらないようなパワーのある若者が大勢押しかけていました。

この2カ所に共通するのは、圧倒的な「欠落」です。

石巻は震災で何もかも流されました。バングラデシュには、とんでもない貧困があります。そういう場所に、志の高い人は吸い寄せられていく。リーダーシップのある人が結集し、その周囲に志が増殖していきます。

そういう人たちと一緒にコミュニティーをつくって活動すれば、得難い経験ができるでしょう。

私は石巻とバングラデシュの頭文字をとって、「IB（アイビー）リーグ」と呼びました。アメリカのアイビーリーグ（ハーバード、イェールなどアメリカの名門私立大学8校の総称）に進学するよりも、リアルな社会や問題について実地で学べ、世の中に貢献できると私は考えています。

たったひとりでも世界は変わる

石巻に集う優秀でボランティア精神にあふれる人たちの中で、私がビジネスパートナーとして一緒に活動したのが、第1章でも紹介した立花貴くんです。

彼はもともと仙台市の生まれで、伊藤忠商事の社員だった男。

その後、漁師の合同会社「オーガッツ（OH！　GUTS！）」を立ち上げ、現地で

「MORIUMIUS」という子どものための自然学校の経営に参画しています。

震災後、東京から石巻に住民票を移して、事業家兼漁師になりました。被災地に新しい町をつくり、新しい漁業の仕組みをつくろうと日々、奮闘しているのです。

バングラデシュでは、税所篤快（さいしょあつよし）くんという男が新しい教育システムを立ち上げました。

彼はもともと落ちこぼれで偏差値28でしたが、東進ハイスクールのビデオ授業が合っていたらしく、早稲田大学に合格。しかし、大学での講義を受けたところ、「たいしたことないな」と思い、本を読むようになりました。

その本に出てきたマイクロクレジットの創始者、ムハマド・ユヌスに衝撃を受け、大学を休学して、彼に会いにバングラデシュに。

ムハマド・ユヌスが率いるグラミン銀行の本部の前で待ちつづけ、彼が乗っている車が出てくると、その前に立ちはだかりました。そして、つたない英語で「あなたのそばで仕事をさせてください」と懇願したのです。

はじめは断られましたが、翌日も翌々日も同じことをすると、ユヌスも根負けしたのか、ついにプロジェクトのメンバーに入れてくれたそうです。

彼はバングラデシュの最高峰、ダッカ大学に入るためのビデオ予備校をつくりました。

ダッカ大学に、バングラデシュの貧しい農村部の高校生は普通は入れません。有名予備校に通って、優れた講師の授業を受けないと入れないのですが、農村部の家庭にそんなお金はない。それが貧困の連鎖につながっています。

そこで、彼はダッカの有名予備校のカリスマ講師にお願いして、30時間以上の講義をすべて録画させてもらいました。そのＤＶＤを使って、農村部の高校生に授業を受けさせたのです。

すると、その中から毎年、1人、2人とダッカ大学に合格する者があらわれ、バングラデシュの教育界は大騒ぎになりました。

さらにパレスチナに行って、今度は難民問題の犠牲になっている女子学生に、バングラデシュで行った同じ方法で教育を受けさせたり。

日本で偏差値28だった男が、英語もろくに話せないのに、たったひとりで異国に乗り込み、教育のあり方を変えてしまった。しかも、そのノウハウを次々と別の国に応用して、実績を積み重ねました。

あなたにもできないわけがありません。

被災地でボランティアをして社会に貢献する。そういう方法でコミュニティーをつくり、自分を活かす方法もあるのです。

条件7 仕事以外で他者からクレジット（信任）を得られるか、得られないか

↓仕事以外で他者からクレジットを得られる人になれ！

人間関係の極意——自分を高値で売らず、安売りする

いまいる組織でいい人間関係をつくりながら、別のコミュニティーでも良好な人間関係をつくる。C領域をめざす人は、人との「つながり」こそが生命線になります。

では、社内外でいい人間関係をつくるには、どうすればいいか。

その極意は、自分を高値で売らずに安売りすることです。

何でもお金に換算して計算高く動く人は好かれません。

自分が「やりたい！」「学びたい！」あるいは「人を助けたい！」と思ったら、無報酬でもどんどん引き受けましょう。

それはコミュニティーの山の裾野を広げるチャンスですし、そのコミュニティーに自分が受け入れてもらうための切り札にもなります。小欲にこだわって大義を見失っ

てはいけません。

Ｃ領域の人は、いま所属している組織でとりあえず食いぶちは確保できる人たちです。

もし夫婦共稼ぎなら、それなりに余裕もあるはずですよね。その余裕を投資する先が、地方自治体やＮＰＯ、ＮＧＯなどのコミュニティーだというわけです。

私の場合、山の裾野を広げたり、その山を高くして経験を積むためには、自分を安売りして、時にはタダで仕事を引き受けることがあります。

本業での稼ぎと「やりたい仕事」「やるべき仕事」を分けて考えているのです。

本業での稼ぎは現在、講演や研修の講演料、書籍の印税、原稿料や出演料が中心です。それ以外で、「やりたい！」「やるべきだ！」と思ったら無報酬でも引き受けます。

東京学芸大学が主催する次世代の校長のためのビジネススクール「学校マネジメントリーダー塾」のプロデューサー・講師の仕事は、ボランティアで引き受けました。

東京学芸大学の客員教授を5年間していましたが、大学から給料はもらいませんでした。講義やプロジェクトごとに報酬をもらう形にしていました。

民主党政権下の事業仕分けを手伝ったときも、本来は規定の報酬が支払われるものでしたが、私はこのプロジェクトの趣旨からいって無報酬で参加することに決めました。

当時の橋下徹大阪府知事から教育分野の特別顧問の要請があったときも、「お金は一切いりません。半年で必ず結果を出します」と宣言しました。

私はテレビをほとんど見ないので、橋下知事から要請を受けたとき、彼のことをまったく知りませんでした。しかし、話を聞いてみると、大阪を変革するために孤軍奮闘し、教育を変えようとしていることがわかった。

その心意気に共感して、力を貸したいと思ったのです。

改革には痛みが伴いますから、周囲の反発も大きいことが予想されました。しかし、私が無報酬で働けば、反発を少しはかわすことができるという読みもありました。

自分を安売りしたりボランティアですることは、たんなる自己犠牲ではありません。自分の力を人のために使いながら、経験を積むことができ、それが自分の活躍の場を広げてくれるのです。

いかに他者からの信頼と感謝を増やせるか――「クレジット（信任）」が人間関係のベース

労を厭わず、自分の時間を投じてタダ働きをすること。この行為に抵抗を感じる人は、C領域で1％の人にはなれません。

この行動の投資対効果、見返りはどのぐらいあるか——そんなことを考えるのが習い性になっている人は、別のコミュニティーをつくる過程で挫折してしまいます。

人はボランティア精神あふれる人に対して、信頼と共感の気持ちをもつものです。私は他者からの信頼と共感の総量のことを「クレジット（信任）」と呼んでいます。この「クレジット（信任）」が人間関係を築くベースになります。

「クレジット（信任）」をどれだけたくさん蓄積していけるかが、C領域をめざす人の鍵なのです。

労を厭わず、自分の時間を投じてタダ働きし、「クレジット（信任）」をたくさん得ると、人はあなたにアクセスしたくなり、あなたのために知恵や技術を貸したいと思うようになります。

そうして、「クレジット（信任）」が高く積み上がっていくと、そのコミュニティーで活躍もできるし、自由度も増してきます。みんなが応援してくれるので、上に立つことも可能になるでしょう。

つまり、C領域の人が求める「経済以外の価値」と「権力」を結果的には両方、手に入れることができる。

「クレジット（信任）」を得られない人は、誰にもアクセスされず、知恵も技術も貸してくれませんから、自分ひとりの狭い世界でいずれ行き詰まっていくでしょう。

いかに他者からの「クレジット（信任）」を蓄積するか。

そのことを考えながら、山の裾野を広げていってください。

▼C領域をめざす人へのメッセージ

C領域で1％の人になるには、遠慮なく二股をかける図太さが必要になります。

いまいる組織にぶら下がった状態で別のコミュニティーをつくり、時期が来たら乗り換えていく。常に重心とバランスを意識しながら、仕事をすることが大切です。

第4章

D

経済以外の価値×プロ志向→研究者タイプ

「好き」を求める人の4つの条件

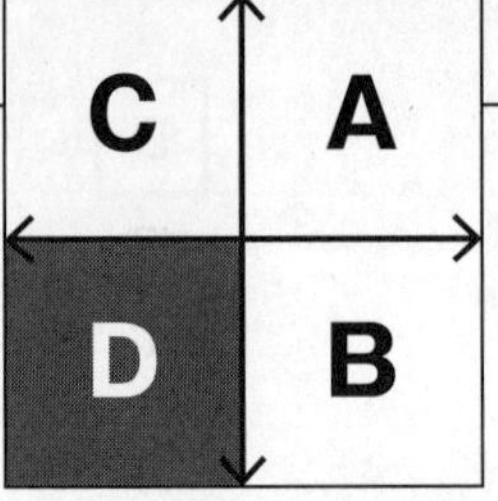

［条件 7］あなたのファンをつくれるか、つくれないか

▶誰からも評価されず死んでいくとしても、「好き」を貫く覚悟はあるか

▶インターネットを使ってファンをつくり、ある領域のカリスマになる

［条件 6］家賃があるか、ないか

▶実家に住めるなら、遠慮なくパラサイトする

▶出会いと孤独対策のため、シェアハウスに住む

▶自動車もシェアで十分

▶ゲーム感覚で、どこまで切り詰められるか試してみる

［条件 5］結婚するか、しないか

▶経済的基盤のために結婚する

▶「好き」が同じ仲間の中から、まずは結婚相手を探そう

▶食いっぱぐれない相手、C 領域の人を狙え!

▶結婚相手はこうして見つけろ!

［条件 4］一生を捧げてもいいと思えるほど好きなものがあるか、ないか

▶一生を捧げてもいいと思うほど好きなものがあることが大前提

▶心底、夢中になれるものには、知らず知らずのうちに 1 万時間を費やしている

▶これからは「○○セラピスト」が仕事になる

▶「○○カウンセラー」×「○○アーティスト」で“究極のレアな人”になれる

▶花屋だってネットを使えば 5 万円で開業できる

Ｄ領域は、「経済以外の価値」を重視し、「プロ志向」のある、いわば「研究者タイプ」の人です。

組織に属しているか否かを問わず、自分の趣味や興味の世界を追いつづけることを目標としています。一言でいえば、「好き」を求める人。

「好き」を何より優先するため、非正規社員やフリーターの道を進み、生活が困窮するリスクもあります。しかし、たとえ貧乏でも、自分の好きなことだけをして食べていきたいと考えるタイプの人でもあるのです。

Ｄ領域で１％の人になるための条件を４つ示します。

条件4　一生を捧げてもいいと思えるほど好きなものがあるか、ないか
↓まずは一生を捧げてもいいと思えるほど好きなものを見つけろ！

一生を捧げてもいいと思うほど好きなものがあることが大前提

D領域を突き進んでいくには、まずは自分がオタクになれるほど好きなものがあることが大前提になります。

「自分以上に、それに詳しいヤツはどこにもいない」

「一生、やりつづけても飽きない」

「それさえあれば、ほかのものは何もいらない」

それくらいのめり込める世界がある人は、もうD領域のスタート地点に立っています。

逆にいえば、一生を捧げてもいいと思えるほど好きなものがなければ、D領域をめざしてはいけないということ。仮にその道を進んでも、その道を極めていくことはできないでしょう。

昔は、オタクの人が奇異な目で見られて蔑まれることもありました。

しかし、いまはアキバ系のアニメやアイドルにはまっているオタクは、日本の新しい文化の発信者で、クールな存在として見られるようになっています。

パソコンオタクも、以前のようなダサいイメージは払拭され、ＹｏｕＴｕｂｅｒとして大金を稼ぐ人も出てきています。

アメリカではパソコンやネットに詳しいオタクは「ギーク」と呼ばれ、学歴にかかわらず、一流のＩＴ企業に雇われて活躍しています。

しかし、日本ではそういう例がまだ多くありません。

日本の伝統技術は世界的に注目されていますが、それを受け継ぐオタクも少ない。結局、誰が引き継いでいるかというと、ほとんど外国人です。カナダ人やスウェーデン人は日本の伝統技術が大好きだからです。

オタクが堂々とオタク街道を突っ走れる時代がやってきたのですから、もっと多様なオタクが出てきてもいいはずです。

心底、夢中になれるものには、知らず知らずのうちに1万時間を費やしている

自分が心底、夢中になれるものには、知らず知らずのうちに1万時間以上を費やすものです。「もう、やめておけ」といわれても絶対にやめないので、ほかを圧倒する知識や技術が知らず知らずのうちに身につきます。

それがいつかビジネスに発展する可能性もあります。誰かの目に留まり、いつかスポットライトを浴びる日が来るかもしれません。

好きで仕方がないものがあるなら、それを温めつづけましょう。

どんなに小さいことでも構いません。むしろ小さくて狭い分野を極めたほうが、とびきりレアな人になれます。

自分は本当は何が好きなのか、自然に夢中になっているものはないか、一度、自分自身を振り返ってみるといいでしょう。

これは私の独断ですが、男性には意外と心底から自分の好きな対象が見つからない、あるいは、わからない人が多いような気がしています。

男性は中学、高校、大学、会社と、ずっと自分のランクばかり気にして、「好き・嫌い」の感覚を自分で突き詰めることなく大人になってしまうからかもしれません。

とくに普通科高校から四年制大学に入った男性は、親や教師にいわれるまま受験勉強して、自分の頭で考えることをせず処理能力ばかり鍛えてきたので、「好き」の感度が鈍くなってしまうのです。

それに比べて、女性は幼いころから「私はこれが好き」「これは嫌い」と好みがはっきりしているので、夢中になれるものを見つけやすい気がします。

これからは「〇〇セラピスト」が仕事になる

一生を捧げるほど好きなものがあり、それを極めていったとして、はたしてその先にビジネスの受け皿はあるのか。それを食いぶちにできるのかどうか――。

Ｄ領域の人が食べていけるかどうかは、まさにそこにかかっています。

しかし、私は「思い切ってチャレンジしろ」といいたい。

なぜならこれからの時代は、自分で職業をつくってしまうことが可能だからです。

たとえば、「アロマセラピスト」という職業は、20年前には存在しませんでした。それがいまや「ドッグセラピスト」まで存在する時代です。

この人たちは、要するに「アロマのオタク」「犬のオタク」といえます。自分の「好き」を極めていったら、それが職業になったのでしょう。

今後、私は「〇〇セラピスト」が無限に生まれると予想しています。

ひと昔前は、水を買う人なんていませんでしたが、いまは何十種類ものミネラルウォーターが売られています。

ベストセラー作家の本田健さんのオフィスに仕事でうかがったとき、インタビューを始める前に、水の小型ペットボトルが20種類ほど出てきました。

「藤原さん、どれでもお好きな水をお選びください」とおっしゃるので、すごい時代になったなと思いました。

普通は「好きな水」といわれても、違いがよくわからなくて選べないものですが、そのとき思ったのは、そのうち、「水セラピスト」という職業も出てくるのではないかということでした。

どの水が、どのような性質で、どんな効能があるのかに詳しく、「あなたに最も合う水はこれです」「あなたを癒す水を探してあげましょう」とアドバイスしてくれるような職業です（現に、「アクアソムリエ」という認定資格がすでに存在するようです）。「成熟社会」では小さな差異が大きな意味と価値をもつので、今後、無数の「○○セラピスト」が誕生するはずです。

「○○カウンセラー」×「○○アーティスト」で〝究極のレアな人〟になれる
同じように、今後は「○○カウンセラー」も続々と出てくるでしょう。

孤独で不安な時代に、カウンセラーの需要は高まっています。

今後はその扱う範囲が細分化していき、いままでにない「○○カウンセラー」が職業になっていきます。実際、最近は「就活カウンセラー」や「終活カウンセラー」まであるくらいですよね。

同様に、「〇〇アーティスト」も増えるでしょう。

昔は「ネイルアーティスト」なんて職業はありませんでしたが、いまは携帯電話をデコレーションする「デコアーティスト」や、子どもの寝姿を加工して写真を撮る「寝相アーティスト」までいます。そのうち「つけまアーティスト」だって出てくるかもしれません。

この調子で、「〇〇コンサルタント」や「〇〇アドバイザー」も増えるはずです。

つまり、D領域をめざす人にいいたいのは、これからは自分が好きなものの先に、ビジネスの受け皿がある可能性は高い、ということ。

自分自身で、これらの「〇〇」に、自分が好きなものをつけて、名乗ってしまえばいいわけです。

ただし、「水セラピスト」だけで食べていけるかどうかには不安もあるでしょう。

そこで、「はじめに」で紹介した「複数の分野を掛け合わせる」作戦を、D領域の人も使ってください。

「水セラピスト」兼「つけまアーティスト」

「水セラピスト」兼「終活カウンセラー」

そうすれば、「レアな職業」×「レアな職業」をこなすことができる、究極のレアな人になれる可能性が出てきます。

花屋だってネットを使えば5万円で開業できる

「お花が大好きだから、花屋を開きたい」と考えたとき、昔ならざっと見積もって、1000万円以上の資金がかかりました。不動産の設備投資や保証金、権利金などにそれぐらいは必要でした。

しかも、花屋なんて全国にたくさんあるので、普通の花屋では食べていけない可能性もあります。

しかし、いまならインターネットを使えば、5万円もあれば開業できるでしょう。

普通の花屋にあるメジャーな花を全種類取り扱わなくても、たとえば「青い花」だけ集めて売る、「福島百合（フクシマユリ）」だけ集めて売るという「ランチェスター戦略」が有効です。

そういう特徴のある花をネットで販売すれば、開業資金は実質、ホームページの運営費用と、花の仕入れ代だけで済みます。

しかも、ニッチな分野なのでナンバーワン、オンリーワンになるのも簡単。もしネットに疎い年配の人で、ホームページを運営できないなら、パソコンやネットに詳しい若いオタクをつかまえて、一緒にチームを組めばいいのです。

「70歳と17歳が一緒に花屋を開きました」と告知すれば、話題になるのではないでしょうか。

条件5　結婚するか、しないか
↓経済的基盤は結婚相手に助けてもらえ！

経済的基盤のために結婚する

そうはいっても、自分の「好き」を極めようとする人は、「経済的価値」を求める人と比べて、どうしても稼げない可能性は高くなります。

お金よりも自分が好きなものを優先し、「権力」に興味がない。自分の時間は好きなものだけに集中投下したい。そういうふうに生きれば、必然的に貧乏生活を余儀なくされます。

しかし、食べていくために、好きでもない仕事に就いて毎日長時間、拘束されることは、D領域をめざす人にとっては最もつらい生き方でしょう。

そこで、D領域をめざす人には「絶対に結婚しろ」と私はすすめます。D領域の人こそ、経済的基盤が必要だからです。

昔から、「一人口では食えぬが、二人口なら食える」といいます。ひとりで年収200万円では生活が苦しいですが、二人なら倍になる。

そして、住居費や光熱費は半分になり、家具や家電はほぼひとり分で済みます。つまり、生活コストが半分になるのです。

その浮いたお金と時間を、自分が好きなことのために使えばいいのです。

それに加えて、世の中から孤立しがちなD領域の人は、味方がそばにいたほうがいい。最大の味方は、自分の伴侶です。

経済的にも精神的にも自分を応援してくれるサポーター、ともに人生を歩んでくれるパートナーを、なんとしてもゲットしましょう。

未婚化、晩婚化が社会問題になっていますが、その背景には、非正規雇用者が増え、男性が家計のすべてを担う自信がなくなっていることがあげられます。

女性も専業主婦願望が高まっていて、それをかなえてくれる甲斐性のある男性がまわりにいないため、結婚できなくなっています。

しかし、男女ともにそんな前時代の幻想は改めるべきです。

ひとりで家計を担えないなら二人で生活する。食べさせてほしいからこそ二人で稼ぐ。

そう頭を切り替えて、「二人口」で食べていけばいいじゃあないですか。

「好き」が同じ仲間の中から、まずは結婚相手を探そう

オタクの人が結婚相手を探すのは、かなりハードルが高いと思われるかもしれません。そもそも、オタクは「自分が好きなことさえしていれば、ほかのものは何もいらない」という人たちですから。

しかし、ちょっと考えてみてください。

理想の結婚相手とは、好きなものや価値観が同じ人ではないでしょうか。

好きなものや価値観が同じ人となら、お互いを理解し合える可能性は高いはず。興味が異なる人とは会話もはずまないし、交際にも発展しにくい。

つまり、D領域の人は、条件４「一生を捧げてもいいと思えるほど好きなものがあるか、ないか」をクリアしていれば、じつはいちばん結婚しやすいはずなのです。

自分が好きなものがはっきりしていて、しかもオタクのまわりには同じものが好きな仲間がたくさんいます。ネットで知り合ったり、オフ会やサークルなどのリアルな場所で会ったりもできる。奥手で口下手、恋愛下手でも、自分と興味の方向が一緒の相手なら、楽しく話せて盛り上がれるでしょう。

サン=テグジュペリのこんな名言があります。

「愛する。それはお互いに見つめ合うことではなく、一緒に同じ方向を見つめることである」

まさにオタクのための金言です。

D領域をめざす人は、まず自分の趣味の世界で結婚相手を探しましょう。その婚活では、自分の強みや魅力を最も発揮できるはずです。

結婚相手も自分と同じ趣味なら、生活が苦しくても楽しく暮らせます。まだパートナーのいない人は、どうぞ婚活を始めてください。

食いっぱぐれない相手、C領域の人を狙え!

趣味の世界で結婚相手が見つからなかったら、それ以外の世界に出かけていきましょう。自分の「好き」を極めるための手段だと割り切り、がんばるのです。

D領域をめざす人は「好き」を追いかけられなくなったら、生きる意味も失いかねません。だから、パートナー探しは経済的にも精神的にも死活問題。

もう恥ずかしげもなく、玉の輿、逆玉を狙うべきです。

「なかなか好みのタイプがいない……」という人は、「顔じゃない。経済的基盤だ！」と腹をくくったほうがいい。

玉の輿、逆玉といっても、大金持ちである必要はありません。

たとえば、A領域、B領域、C領域、D領域の4タイプのうち、「経済的価値」を求めるA領域とB領域の人は、D領域をサポートしてくれるかどうかという点で見た場合、あまりふさわしくありません。

なぜなら、A領域とB領域の人は、自分の目標に向かって突っ走り、伴侶のことを蔑(ないがし)ろにする可能性があるからです。

A領域は「経済的価値」を求める「権力志向」で、B領域は「経済的価値」を求める「プロ志向」。どちらも、D領域をめざすあなたをサポートしてくれず、むしろ、あなたが彼ら彼女らをサポートする側に回らなくてはならない可能性もあります。

そう考えていくと、私はC領域の人が狙い目だと感じます。

C領域の人は「経済以外の価値」を求める「権力志向」です。仕事はそこそこやって、別のコミュニティーでも自分を活かそうという余裕のある人。公務員なら安定的に40年間、食べさせてくれます。

あるいは、薬剤師、看護師、美容師など、師（士）業で手に職がある人もいいですね。


結婚相手はこうして見つけろ！


では、D領域の人がどうやってC領域の人や手に職のある人と巡り合えばいいのか。

たとえば、公務員と知り合いたいなら、市役所や学校が募集しているボランティアに参加するのはいかがでしょうか。

手に職のある人と知り合いたいなら、ダイレクトに薬局や病院、美容院で探して、声をかけるという手もありますが、これはなかなか勇気がいります。

趣味や興味の方向が違う人とどうやって話して仲良くなるかは、第1章の条件5「営業力・プレゼン力・交渉力があるか、ないか」で紹介した営業・プレゼン・交渉術をぜひ参考にしてください。

また、オタク仲間のツテを頼ったり、近所の世話好きな人に結婚相手の紹介を頼んでおく手もあります。

職業を限定しないのであれば、独身の人が大勢集まりそうなスクールに通うのもいいと思います。料理スクールやワインスクールには独身の人がたくさん来ており、出会いを期待して通っている人も多いといいます。

現にＡＢＣクッキングなどは、婚活中の男女を呼び込む戦略をとっているそうです。スクールはガラス張りになっていて、会社帰りの女性が料理をつくっている姿をわざと外から見えるようにして、男性の関心を引いています。男性だけを集めてスクールを開き、外の女性に見せることも。

もう一度、繰り返します。

Ｄ領域をめざす人こそ、絶対に結婚という戦略をとるべきです。

そのために、料理に興味がない人も、ワインに興味がない人も、一時的に趣味の領域を広げてみましょう。

条件６　家賃があるか、ないか

↓固定費を下げるため、家やマンションは絶対買うな！

固定費の下げ方❶——実家に住めるなら、遠慮なくパラサイトする

東京で一人暮らしをしようと思ったら、どんなに狭いワンルームマンションでも家賃が月額6万～7万円はかかります。

あまり稼ぐことが期待できないD領域の人にとって、固定費の負担は非常に大きいので、家賃はなるべく下げる必要があります。

独身者なら、ワンルームマンションに住むのはおすすめしません。できれば家賃やローンを払わない身分になりましょう。

実家にパラサイトできる人は、実家を出ないこと。住居費がタダなら、月々の固定費を一気に下げることができます。

幸いにして(?)、日本では30代を過ぎて親と同居していても、欧米に比べれば変だとは思われません。日本の母親は子どもをいつまでも手元に置いておきたがる傾向があるので、遠慮なく甘えてしまえばいいのです。

かくいう私も、30歳まで実家で暮らし、母親に食事から洗濯の世話までしてもらっていました。

「いい年をして、まだ実家暮らししているの？」「いい加減に自立しなよ」などといわれても、気にする必要はありません。

とにかくD領域をめざすのであれば、生活の固定費を下げることが最優先課題です。

いまの若者の親世代には余裕があります。65歳以上を中心に、合計1500兆円を超える金融資産をもっている。

この世代は住宅ローンを払い終わり、土地付きの一戸建てやマンションを保有しているのですから、子ども世代はそれを引き継げるわけです。

「いまの若者は貧しい」とよくいわれますが、相続はいつか必ず起こります。

固定費の下げ方❷――出会いと孤独対策のため、シェアハウスに住む

どうしても実家を出て独立しなければならないなら、シェアハウスに住むことをおすすめします。ひとりでワンルームマンションを借りるより、広さを考慮すればリーズナブルな物件がいくらでもあるからです。

私は中古不動産のリノベーションを手がける「リビタ」という会社を応援していましたが、この会社は東京・原宿のど真ん中に、「THE SHARE」という物件をもっています。原宿警察署の目の前という立地なのに、家賃はとてもリーズナブル。

ワンルームマンションに住んでいたって、異性との出会いはありません。シェアハウスはキッチンやリビングが共用スペースになっているので、そこで自然と出会いが

生まれます。

若い男女が一緒に料理をつくったり食事をしたりしていれば、おのずと恋も生まれやすくなるでしょう。恋愛に発展しなくても、少なくとも孤独対策にはなります。仲間と一緒に広い家を借りてシェアするのもいいでしょう。

ロンドンやパリの若者は、知らない人と平気で家をシェアします。3DKの部屋をシェアする相手をネットで募り、男性2人、女性1人で借りたりします。

日本人はネットで募った赤の他人、しかも異性と暮らすことに抵抗がありますが、彼らにいわせれば、「親しい人とシェアするほうが、何かともめやすい」そうです。

たとえば、ニンニク料理のにおいが共有スペースに充満するのが許せなかったり、掃除の分担でケンカになったり。お金にからむことも、親しい間柄だとかえって言い出しにくかったりします。その結果、人間関係が壊れてしまうことも少なくない。

むしろ知らない人同士のほうがルールを決めて、きちんと遂行できるといいます。プライベートについては一切干渉しない。嫌だったら、さっさと出ていけばいい。

D領域をめざす人は、このようなシェアハウスのスタイルを取り入れて、家賃やローンに振り回されないようにしたいですね。

固定費を抑えられて、結婚相手まで見つかったら最高じゃあないですか。

固定費の下げ方❸——自動車もシェアで十分

地方で自動車がないと生活できないようなところは別として、交通の便がいい都市部に住んでいるなら、「移動手段」としての自動車はいりません。

D領域をめざす人にとって、自動車は非常に大きな買い物です。駐車場やら保険やらを含めた維持費は大変な出費になりますから。

乗る頻度が少ないなら、カーシェアサービスを利用したほうが断然、安く済みます。本当に自動車を所有する必要があるのか、よく考えてみてください。

そもそも、日本がこれだけ車社会になったのは、たんなる「移動手段」ではなく、異性に「モテる」ために必要だったからです。

いまの若者たちの親世代は、自動車がなければデートができない時代を過ごしてきました。しかし、「モテる」ために自動車を所有する時代は終わりました。

自動車がなくてもいくらでも楽しめるし、実際、若者の自動車離れは進んでいます。

もし、たんにカッコいい自動車に乗りたいだけだというなら、ランボルギーニやフェラーリをレンタカーで借りられるところもあります。乗りたくなったら、レンタカーを好きなだけ乗り回したらいいでしょう。

固定費の下げ方❹――ゲーム感覚で、どこまで切り詰められるか試してみる

いま述べてきたように、D領域の人にとっては、いかにして月々の固定費を下げるかは最重要課題です。

言い換えれば、貧乏生活を楽しめるかどうかが、「好き」を追いかける人生を継続させ、充実させるためのポイントになります。

どこまで生活費の損益分岐点を下げられるか、一度、ゲーム感覚でチャレンジしてみましょう。

100円ショップやディスカウントショップに行けば、生活必需品で買えないものはほとんどありません。100円のハンバーガー、200円台の牛丼や讃岐うどんもあって、「食」のコストも低く抑えられます。

大手スーパーの服も結構、おしゃれなものがあり、「衣」のコストも簡単に下げられる時代です。スーツから靴に至るまで、数千円も出せば、センスも質もそこそこいいものが手に入る。

散髪だって、1000円カットの店で技術は十分。私も利用していますが、「その髪型、おかしいです」なんていわれたことは一度もありません。

貧乏だから爪に火を点すような生活をするのではなく、安くていいものを賢く選び、

節約しながら豊かに暮らす。

ゲーム感覚で節約と豊かさの両立をはかり、貧乏生活をエンターテインメントに転換できれば、Ｄ領域の人は自分の好きな道をずっと突き進みやすくなります。

条件７　あなたのファンをつくれるか、つくれないか
↓あなたのファンをつくれ！

誰からも評価されず死んでいくとしても、「好き」を貫く覚悟はあるか

自分の「好き」を極めていくと、食べていけない可能性はたしかに出てきます。結婚もできないかもしれないし、できたとしても愛想をつかされるかもしれない。

しかし、それでも「好き」の道を極めるという決意の揺るがない人だけが、Ｄ領域で「１００人に１人」になれます。

Ｄ領域を一生突き進んでいくには、相当な覚悟が必要なのです。

たとえば、ゴッホは37歳で亡くなっていますが、生前に売れた絵はたった１枚。誰も評価していない中で弟のテオだけがゴッホの才能を信じ、生活の援助をしつづけました。

いまやゴッホの絵は何十億円もの値がつきますが、当の本人は孤独と失意の中で死んでいったのです。

ゴッホのように、D領域をめざす人は死ぬまで世間に認められず、稼げない可能性もあります。不遇なまま人生を終えてしまうかもしれません。

それでも本当にいいのか。

自分の「好き」を貫くという自己満足で終わってしまってもいいのか。

死んでから評価されるというロマンに酔えるのか。

孤独や貧困が常に隣り合わせの人生が永遠に続いたって構わない――。

そうした覚悟ができないなら、D領域の人はいつか「好き」を追うことに疲れ、自己満足すらできなくなる可能性もあるのです。

インターネットを使ってファンをつくり、ある領域のカリスマになる

D領域をめざす人の人生を好転させるきっかけは、ファンがつくかどうかです。

自分が好きなものに対する圧倒的な知識、その世界観、それを追求する自分の姿にほれ込むファンが大勢できれば、スターになる可能性だってあります。

Ｄ領域のモデルのひとりは、映画『釣りバカ日誌』のハマちゃんです。

ハマちゃんは平社員ですが、釣りへの情熱や知識、技術なら誰にも負けず、その姿に社長のスーさんまでもがファンになりました。こうなれば無敵です。

きゃりーぱみゅぱみゅもＤ領域の象徴（シンボル）ではないでしょうか。独特のファッションとメーク、音楽によって、カワイイ世界観を追求し、多くのファンを魅了しています。

何も世界的な大スターにならなくても、「ある領域のカリスマ」になれればいい。

そして、いまは一部の人だけが熱狂するカリスマが誕生しやすい時代でもあります。なぜなら、ゴッホの時代と大きく違って、インターネットがあるからです。

自分の「好き」を極めて、それをネット上で発信すれば、世界のどこかで誰かが自分に目を留めてくれる可能性が開かれています。

自分が温めているオタクの世界観をジワジワと広めていけば、やがて突如、脚光を浴びることもあるわけです。

たとえば、２００９年にイギリスのオーディション番組に出演したスーザン・ボイルなどがいい例でしょう。彼女はずっと歌が好きでプライベートで歌っていましたが、47歳のときにテレビに出演するや、その歌声と映像がユーチューブに流れ、歌唱力の高さとユニークなキャラクターが話題になり、瞬く間にスターになりました。

ひとりで自分の世界に閉じこもっていては、ファンをつくれません。

D領域の人は、外に向かってどんどん発信していきましょう。

日本で誰にも評価されなくても、イギリスのプロデューサーやニューヨークのキュレーターが評価してくれるかもしれません。専門家が評価しなくても、大衆が評価して人気に火がつく可能性だってあります。

ネットの向こう側では、いつも世界中の人々が、すごいオタクの登場を待っているのです。

▼D領域をめざす人へのメッセージ

D領域で「100人に1人」の1%の人になるには、堂々とオタク道を邁進していく覚悟が必要です。

価値観の変遷とインターネットの登場によって、ついにオタクの時代がやってきました。

自分の「好き」なことを自分ひとりだけで楽しんでいてはもったいない。世界に発信すれば、誰かが目に留めてくれるかもしれないのです。

だから、ほかの人を楽しませようと意識しながら「好き」を極めることが大切です。

おわりに――この本の使い方と効用について

この本を書こうと思ったきっかけは、3つほどあります。

ひとつめは、10万部のベストセラー『10年後に食える仕事 食えない仕事』（東洋経済新報社）の著者・渡邉正裕さんと「東洋経済オンライン」上で対談したのですが、その9回にわたる長期連載「10年後に何が食えるのか？」の第5回「年収200〜400万円の〝新中間層〟が生きる道」のアクセス数が約194万になり、多くの反響があったこと。この対談を仕掛けた佐々木紀彦編集長（現NewsPicks取締役）に、まず感謝したいと思います。

ここで私は、テレビでも新聞でも雑誌でも、やたらにグローバルエリートが喧伝されている昨今の風潮に疑問を投げかけました。

ビジネス書が煽るように、みんながみんな中国やインドに出て行って戦うグローバルエリートになる必要はない。ベタベタにコミュニティーに張りつく仕事をしてもいいし、日本人にしかできないホスピタリティーを磨き上げて、ホテルではなく旅館的な営業を得意とする営業マンがもっと増えてもいい、そう思いました。

だからこの本は、グローバル・スーパーエリート以外のすべての日本人に、10年後も食える仕事の仕方を提案しています。

他人の著書とはいえ、渡邉さんの『10年後に食える仕事 食えない仕事』の私なりの続編なのです。ちなみに『10年後に食える仕事 食えない仕事』を編集したのは、この本の生みの親のひとりで取締役の山崎豪敏さん。そして本書は、若手ホープの中里有吾さんに鋭い切り口で編集してもらいました。

2つめは、電車の中の光景からインスピレーションを得たことです。

誰もが気づいていることだと思いますが、通勤電車で座っている人の中で、最近、男女ともに多いのがケータイをいじっている人です。

ひと昔前は、男性は『週刊少年ジャンプ』のような分厚い漫画誌かスポーツ紙をめくっていましたが、いまはケータイゲームが全盛の時代。

「モバゲー」を提供するＤｅＮＡの南場智子ファウンダーは、その昔マッキンゼーでリクルートの担当だったからよく知っていますし、「グリー」の田中良和社長はG1サミットで同席して「スゲエな」と尊敬しています。会社の事業を批判する気は毛頭ないのですが、それでも、いまの状況はやはり「ヤバいな」と思います。

このままだと、電車で文庫本を読んでいる人との知識や文化レベルに圧倒的な差がついてしまいます。余計なお世話だといわれてしまいそうですが、だからこそ、この本では「パチンコをせず、電車の中でケータイゲームにもはまらず、かわりに文庫本を手にする」人は稼げるようになると説いています。

大事なことなので繰り返します。

「パチンコをせず、電車の中でケータイゲームにもはまらず、かわりに文庫本を手にする」だけで、10年後に稼げる人にグッと近づけます。

「電車の中では本を読もう」というシンプルなメッセージは、書店さんとキャンペーンを張りたいくらい明快ですよね(笑)。

団塊の世代に馴染みのあるメッセージのひとつに、時代のカリスマ・寺山修司さんの「書を捨てよ、町に出よう」があります。でも、「成熟社会」に入った日本でいま大事なのは、むしろ「ケータイを切って、書を読もう」ではないでしょうか。

何事にも頭を柔らかくしてのぞまなければならない現代では、頭の「つながり」具合が大切です。頭が柔らかいというのは、脳が軟化しているということではなく、知識や経験が縦横ナナメによくつながるということ。

本というのは、それらをナナメにつなげる糸の役割を果たします。目に見える事象の背後で起こっている世界の動きがよく見えますか？　「このことが起きれば、次はこれが起こる」と物事をつなげて想像力を働かせることができますか？

ケータイゲームばかりしていては、ナナメの糸を繭（まゆ）のように紡（つむ）ぐことはできません。本を読むことで、知識、技術、経験のカケラがナナメの糸でつながっていくのです。

「パチンコをせず、電車の中でケータイゲームにもはまらず、かわりに文庫本を手にする」

この3条件を満たすだけで、およそ「10人に1人」の人材になり、あと4条件を満たせば、「100人に1人」の逸材になれる。

その道筋を、この本では4つのタイプ別に示しました。

3つめのきっかけは、ユニークな方針をとる学習塾の経営者との出会いです。

高濱正伸さんが率いる「花まる学習会」は、受験のための進学塾とは一線を画しています。子どもたちに、幼児期から小学校低学年のときに古典を暗唱させることで

「ことばの力」を鍛えたり、パズルをテンポよく解かせることで「想い浮かべ、試し、やり抜く思考力」を養う教育をしています。

お母さんたちに絶大な支持を得ていて、『情熱大陸』『カンブリア宮殿』『ソロモン流』などのテレビ番組にも相次いで登場したので、読者もよくご存じかもしれません。

その塾の教育方針が「メシを食っていける人」を育てるということ。他人からの借り物ではない幸せを感じて生きていける人を育てたいとも語っています。

授業の様子を実際に見学すると、私が実践している「よのなか科」のような構成要素で、「自分で考える力」を大切にしており、いよいよこういう塾が受け入れられる時代になったのだと感慨深くなりました。

教科の問題で正解を早く正確に出す「情報処理力」だけでなく、幼児期から遊びやパズルを通じて、アタマを柔らかくつなげる「情報編集力」を養うことが、大人になってからの「稼げる力」につながる──。

そのことを標榜する塾がビジネスになっていることに衝撃を受けると同時に、「稼げる」「メシを食っていける」とはどういうことかと、私の中で問いかけが深まりました。

結論をいえば、「稼げる人」「メシを食っていける人」というのは「100人に1人」の逸材になることだろうと思います。

「100人に1人」の逸材といっても、100人いる同学年で5教科の成績が1番だとか、ランキングで10位までに入っていたとかいう必要はないのです。

成績の順番ではなく、雑居ビルにひとりの、あなたのオフィスがある雑居ビルでだいたい100人が働いているとすれば、あなた独自の希少性が出せればそれでいい。

それで十分レアな人としての相場は保証されるので、まず稼げます。10年後にもおそらくメシを食っていけるでしょう。

さらにレアさを上げていけば「1万人に1人」の秀逸レベル（あなたの住む町でひとり）にもなれるし、「100万人に1人」の、オリンピックメダリスト級の超レアな人にもなれるのです。そうなればもう、あなたが属する世代でたったひとりのイメージです。

その道筋も、この本の中であわせて示しました。

なお、「100人に1人」のキャリアを三つ掛け合わせて40代までにキャリアの大三角形をつくり「100万人に1人」の希少性をゲットする方法については、10人の具体的ケースで解説した、この本の姉妹本『100万人に1人の存在になる方法』

（ダイヤモンド社）を合わせて読んでほしい。

「100人の1人」のレアな人になると、なぜいいのでしょうか？

年初に私があるウェブサイトで受けたインタビューが、前述した「東洋経済オンライン」の連載とともに「ヤフートピックス」で長く取り上げられました。

「ニッポン人の時給はもともと800円～8万円と100倍の開きがあります。ちょっと前の高度成長期には、年収400万～800万円くらいの間に（時給2000～5000円のサラリーマン層を中心に）分厚い中間層がみんな一緒の幸せ感で暮らしていました。けれど、中間部分の仕事がITやロボットの活躍と中国やインドが事務処理業務をとっていくことで、日本人の仕事ではなくなっていきます。だから、年収400万円以下と800万円以上の人が決定的に分かれていく。では、時給が高い仕事はどんな仕事なのか？　何が100倍の差を決するか？」に答えたインタビューです。

本文に詳述しましたが、あなたがもらう報酬の時給を決定するのは、あなたのレアさ（希少さ）です。希少性が高い人材になれば高く売れるから、稼げる人になれるわけです。

「100人に1人」のレアな人になるべき理由がはっきりしたと思います。

さらに、この本にもし裏のタイトルをつけるとすれば、『レアな人になるためのタイプ別4つの条件』になるでしょう。

「A社長タイプ」「B自営業タイプ」「C公務員タイプ」「D研究者タイプ」のそれぞれについて、4つの条件をクリアすればレアな人として厳しい世の中でも生き残れると明示しているからです。

じつは「100人に1人」のレアな人になるには7つの条件が必要ですが、最初の3つの条件は前述したように「パチンコをせず、電車の中でケータイゲームにもはまらず、かわりに文庫本を手にする」だけでクリアできてしまうので、簡単ですよね。

この本では、上の[図表5]が頻繁に出てきます。あなたの頭の中にしっかり刻み込んでほしいからです。

一方、次ページの[図表6]は、私がこれから研修会で強調したいと考えているものです。

Aは「力」を武器にして働く領域。

［図表5］あなたはどのタイプ？
――4つの領域のマトリックス①

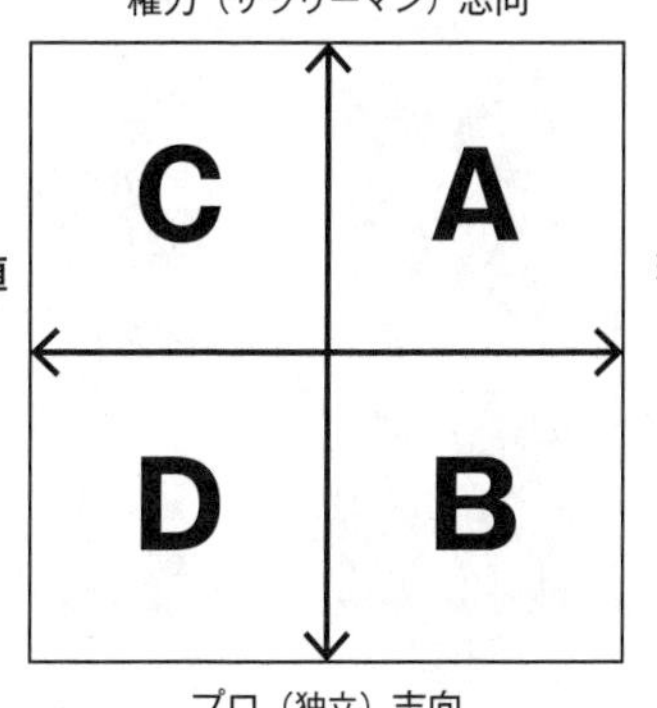

Bは「技」を武器にして働く領域。
Cは「つながり」を武器にして働く領域。
Dは「好き」を武器にして働く領域。

本文でも述べてきましたが、「力」「技」「つながり」「好き」の分類のほうが「『権力志向』か『プロ志向』か」「『経済的価値』か『経済以外の価値』か」とあなたの志向と価値観を2軸で問われるより、ソフトでいいかもしれません。

この本の文章をまとめてくれたのは女性ライターの上田真緒さんですが、女性のキャリアを考えるときにも、この4領域のソフトな分類と合わせて使

[図表6] あなたはどのタイプ？
——4つの領域のマトリックス②

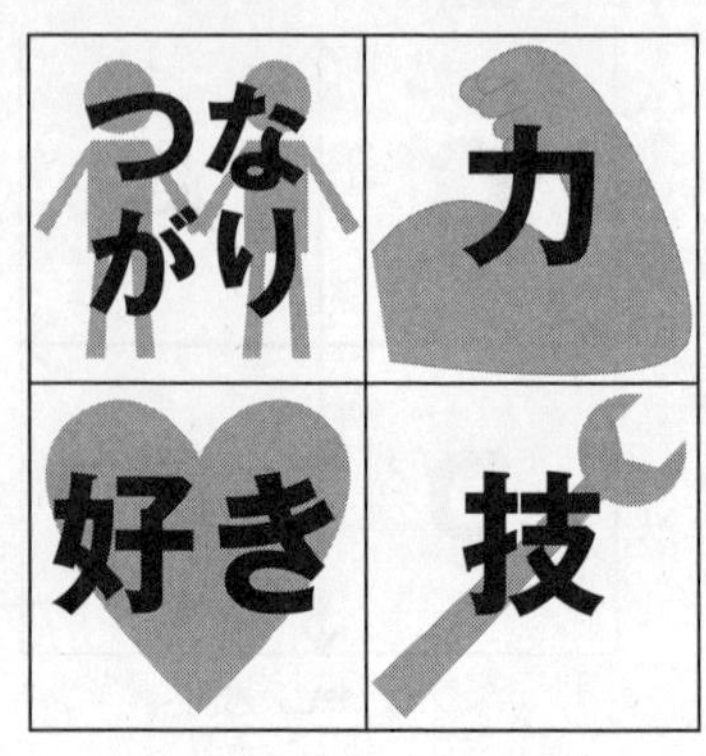

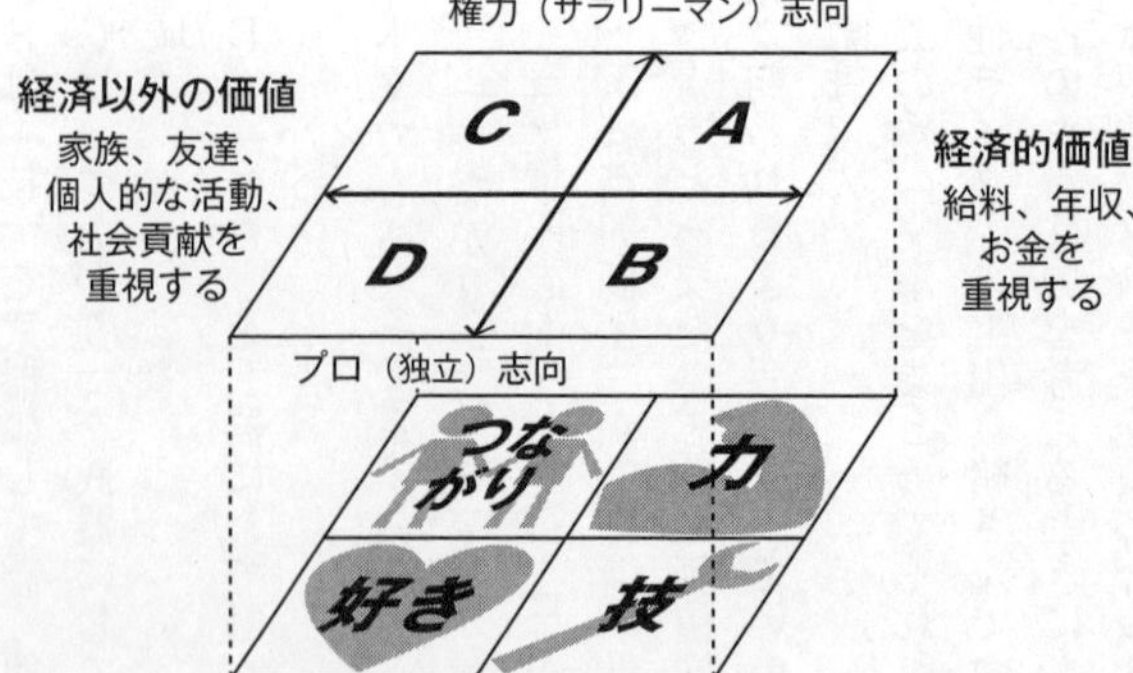

ってみてください。

いずれにせよ、この本では「100人に1人」になるのに、十把一絡げに競争するのではなく、タイプ別オンリーワンを狙っていけるよう条件を示し、レアな人になるべきノウハウと意識のあり方を細かく伝授しています。

ですから、新世代のためのキャリア教育として読む10代や、キャリアについたばかりの20代の読者には、その条件をひとつずつクリアしていく手引書のように読み進めてもらえるでしょう。キャリアチェンジしたばかりの30代でも、同じ社内でキャリアシフトを考えている40代でも同じことです。

一方、もう特定の分野で「100人に1人」を達成している30代の読者なら、「はじめに」ですすめているように、隣接するもうひとつの分野でさらに「100人に1人」となって、掛け合わせによって「1万人に1人」をめざしてほしいと思います。

さらに40代、50代以上の読者なら、今度はビジネスの領域から思い切って教育の現場に飛び込んだ私のように、まったく異なる分野でいままで積み上げてきた力を試し、そこでも「100人に1人」になってほしいのです。「100人に1人」×「100人に1人」×「100人に1人」の掛け合わせで「100万人に1人」のレアな存在をめざすわけです。

そうなれば、同じ世代にひとりいるかいないかの「超」のつくレアな存在になることができるので、かなりの年収が保証されるでしょう。

その領域探しの手引きに、ぜひこの本を使ってください。

私が長く勤めたリクルートには「自ら機会を創り出し、機会によって自らを変えよ」というスローガンがありました。チャンスは自分でつかみ、そのチャンスによって自分を次のステージに乗せようという意味です。

読者のみなさんがこの本によって、自らチャンスを引き寄せることを祈ります。

２０１３年８月

藤原　和博

文庫版へのあとがき

『藤原和博の必ず食える1%の人になる方法』(東洋経済新報社)の単行本は、出版してしばらくは売れなかった。

ところが2年して急に売れ始め、編集部がなんでだろう?……と調査したのだ。そうしたら、キングコングの西野亮廣さんが自分の本の中で紹介したり、イベントで自分の本の横に並べて売ってくれたりしていたことが判明。私とは会ったこともないのに、である。

ベストセラー『魔法のコンパス』(主婦と生活社)では何ページも割いて、本の趣旨である「いかに100人に1人の希少な人材になるか、それを3回重ねて100万人に1人のレアカードになるか」を丁寧に解説してくれているではないか……ビックリした。だから、早速コンタクトして新宿の吉本興業東京本部で対談することに。

この本の巻末に収録したのは、その時の対談だ。

西野さんとはその後、リクルート社のオンライン講座「スタディサプリ」のイベントで、1年間にわたって2人で高校生に直接授業をやる機会を得た。

その過程で逆に、西野さんが校長を務める「サーカス！」に招かれ、トップバッターで「よのなか科」の授業をしたこともある。

こうして縁が深まる中で、私は、以前から進めていたラオスの辺境地域に学校をつくるプロジェクトに西野さんをお誘いすることになった。

学校を設立するなんて大金持ちのすること。それが読者の常識かもしれない。

たしかに、日本で私立の学校を設立するには、校庭となる土地の取得代金を含めれば数十億円の投資がいる。福沢諭吉の慶応大学や大隈重信の早稲田大学の例を挙げるまでもなく、街中の幼稚園のような学校法人でも、一つの校舎を建て替えるだけで数億円はかかるはずだ。

でも、国を選べば、数百万円で学校の創立者（ファウンダー）になれる。

アジアで最も後発で立ち上がってくる国、ラオスでは、日本人のお金で設立された義務教育学校が１００校以上あり、その全てが公立の学校になるので、すぐさま国の基準で養成された教員が赴任し学業がスタートする。

藤原がお金を出したとしても、それは私立藤原学園ではなく、和田中学校や一条高校のように、地名を冠した公立の小学校、中学校、高校になるからだ。

数百万円であれば、高級車を買うのと同じ額だから、数人で寄付をして学校の創立者（ファウンダー）となる栄誉に浴したいという人はいる。必ずしもお金持ちの必要はない。５００円ずつの寄付を子どもたちから集めて校舎を寄贈した団体もあるし、震災前の飯舘村も寄贈する側だった。

もちろん、開校式に参列すれば、二宮金次郎のような銅像こそ立ってはいないが、あなたの名が銘板に刻まれ、感謝、感謝の宗教的な儀礼がある。学校は本来、そのコミュニティにとって「希望」の象徴だからだ。

そんな地道な活動を続けて３００校以上の学校をラオスやベトナムなどの開発途上国に建て続けてきた団体がある。認定ＮＰＯ法人・アジア教育友好協会ＡＥＦＡ（谷川洋理事長）だ。私自身は還暦を超えてから、この団体の学校建設活動を支援するために「アジア希望の学校基金」を設立した。英語名は「Wisdom of Asia for Next Generation（ＷＡＮＧ）」。「ワン」という音は、ラオス語で「希望」を意味する。

実際、ＡＥＦＡの10年にわたる経験では、まず小学校ができると就学率が上がるだけでなく、教育を受けた女子の結婚年齢も上がる。発展途上国の農村社会では、女子が早くから嫁に行き、嫁いだ農家の働き手として酷使される慣習が残っていることが多い。だから、教育によって結婚年齢が上がると乳幼児の死亡率が下がる。さらに進学率が上がって、地元から教員を輩出できるようになるとコミュニティ全体の民度が上がる。農業や家内制手工業の生産性も、それにつれて上がるだろう。

辺境の少数民族の子でも、地元の小学校、中学校、高校と進学すれば、その後、街中にある師範学校に通って資格を取得し、地元の小中学校の教員として戻って来る道が開けるのだ。150年前、明治期の日本のように、学校が地域コミュニティの核となり、地域を発展させる原動力になっていく、という話なのである。

西野さんは2度も、ラオスの少数民族が住む、ベトナムとの国境に近い「ララ村」を訪ね、私と一緒に「ララ小学校」の建設に力を貸してくれることになった。

2020年2月に開校式があったのだが、その学校は西野さんの大ヒット絵本『えんとつ町のプペル』に因んで「School of POUPELLE」を愛称とした。

こういう体験こそが物語として語れるから、自分の希少性を高めることになる。


さてさて、この本に話を戻そう。

私自身は年間に100回を超える講演や研修講師で稼いでいる。すでに累積1500回を超えているのだが、人気の3大テーマは『10年後、君に仕事はあるのか?~未来を拓くための「情報編集力」』と『AI時代の戦略的生き方のすすめ~変革と成長を促す思考法』、そしてこの本のテーマである『人生100年時代の戦略的人生計画のすすめ～キャリアの大三角形で１００万分の１の希少性をゲットしよう！』である。

その「１００万分の１の希少性」をゲットするコツは、まず「１００人に１人の存在」になること。この本では、４つのタイプに分けて１００人に１人となる７段階の方法を丁寧に解説している。

これを３回繰り返して３つのキャリアを掛け算することでオリンピックのメダリストと同じ１００万分の１の存在になる方法については、この本の姉妹本である『１００万人に１人の存在になる方法』（ダイヤモンド社／２０１９）を参考にされたい。

希少性のない存在には、超のつくネットワーク社会ではアクセスされないだろう。すると、味方がどんどん減ってしまうことになるから夢の実現が遠ざかる。

人生の後半にむしろ味方が増えていくような生き方をするために、読者の一人一人が自分自身を「レアカード」化できるよう祈りつつ、この本を贈りたい。

２０２０年４月

藤原和博

【文庫版特別対談】

世界をこれで面白くする

西野亮廣×藤原和博

＊対談は、2017年初頭に行われました。

（1）僕はこれで勉強が好きになった

勉強ってこんなに面白かった？

藤原　これからの時代の「教育」について考えてみたいのですが、僕と西野さんには「校長先生」という共通項がありますね。

西野　はい、学校組織ではなく学校イベントという形なのですが、面白い先生しかいない「サーカス」という学校の校長先生をやらせてもらっています。

藤原　僕は2003年から5年間、都内では義務教育初の民間校長として杉並区立和田中学校校長となり、2018年までの2年間は奈良市立一条高校の校長を務めましたが、西野さんは、なぜ「学校」をつくろうと思ったんですか？

西野　学生時代、先生の話がほとんど理解できず、学校の勉強はまったく面白くなかったんです。成績が悪かったこともあって、大学は行かなかった。でも、芸人になった今、いろんな人の話を聞いたり本を読んだりしてみると、じつは勉強ってすごく面白いってわかったんです。茂木健一郎先生の脳科学の話や、でんじろう先生の科学の話などは本当に面白い。

藤原　西野さんは「地頭」がメチャメチャいいんですよ。

西野　もちろん、藤原さんの話も面白いです！　そうしているうちに、ふと気づいたら教科書を買って片っ端から読みあさって勉強している自分がいたんです。そして「あること」に気づいたんです。

学生時代、歴史の年号なんかまったく覚えられなかったんです。でも、好きな歌の歌詞は全部覚えていたりします。漫画『ドラゴンボール』の登場人物の順番なんか、絶対に間違えない（笑）。**「好きなこと、楽しいことなら覚えられる」**ことに気づいたんです。

学校の授業は、なぜ面白くない？

西野　学校での「覚えられなかった勉強との違い」を考えたら、それは学校での勉強が「楽しさ」からいちばん離れているんじゃないかということ。ただただ、つまらないものを無理やり覚えさせられているだけ。そう考えたら、**学校は「楽しい化」したほうが勉強効率が上がる**と思ったんです。

藤原　なるほど、それで面白い先生だけを集めた「サーカス」という発想をしたんですね。

西野　もうひとつ、勉強が面白くないのは、失礼かもしれないけれど**「勉強を教える先生が面白くないから」**だと思ったんです。

藤原　勉強自体は面白いのに先生の話がつまらなかったら、生徒はなかなかきちんと聞きませんよね。

西野　そうなんです。そこで、ちゃんと社会に出て結果を出している「面白い先生」しかいない「サーカス」という学校ができたんです。面白い先生にかかれば、勉強は「娯楽」になります。勉強で歓声や笑い声が起こる、もう立派なエンターテインメントです。

藤原　学校というのは「教員免許状を持った人が、決まったカリキュラムの下に教えなければいけない」という決まりがあるんですね。だから、**「生きていくうえで必要な知識」**と、**「学校で学ぶ知識」がうまくリンクしていない**こともあります。その最たる例が、「おカネの授業が学校にないこと」じゃないですかね。

西野　4冊目の絵本をつくったとき、「おカネ」のことで感じたことがありました。

藤原　『えんとつ町のプペル』ですよね。たしか、分業制で作ったとか。

西野　ええ。僕はずっとおカネに興味がなかったんですが、「好きなことで生きていこう」と決めたとき、おカネときちんと向き合わなければならない現実に気づいたんです。やりたいことがあっても、おカネがないとできないじゃないですか。

藤原　そこではじめて「クラウドファンディング」を知ったんですか。

西野　そうなんです。**おカネときちんと向き合い、おカネの正体を把握することで、活動の幅が一気に広がりました。**「面白い」ことの選択肢が増えることがわかったんですね。そこで、「なぜ学校でおカネの授業をできないのか」という疑問が湧いてきたんです。

藤原　それには、先ほど述べた「決まったカリキュラムの下に教えなければいけない」というルールに加えて、**先生というのは「経済といちばん遠い人」がなっている**という実態もあります。だから、「おカネの話」は不得意という現実もあるんです。

「正解」と「納得解」の両方を学ぶ場所が必要

藤原　つまり、いまの学校は「正解だけを教え続けている」のが現状なんです。しかし、「正解」を正しく運用すればやっていける時代は終わりつつあって、これからは「正解のない問題」が増えていくはずなんです。「正解」ではなく「自分なりの仮説＝納得解」を見つける力をつけることも、今後の学校教育では必要なことだと思うんです。

西野　でも、「正解」を教えるのがいけないわけじゃないですよね。

藤原　そうですね。たとえば、外国人が日本に来たときに何に驚くかというと、時速300キロメートルの新幹線が分単位で正確に発着することだというんです。そんな国はほかにない、と。

西野　ほかで言ったら、値段の安いカジュアルなレストランでも別々の料理が同時に温かい状態で出てくるという感じですか？

藤原　そうそう。こうしたきまじめさが外国人を引き付けるわけです。そう考えると、「正解」と「納得解」が7対3ぐらいの割合になるようにするのが、いちばんいいんじゃないかと僕は思うんです。

西野 なるほど、たしかにその「きまじめさ」は日本の強みですね。そう考えると「7対3」ぐらいがよさそうですね。

(2) 僕ならスマホ授業を全面解禁する

いまの学校、どうして「スマホ」を避けるのか

西野 いま、フジテレビのオンデマンド放送で「ハミダシター」という、いろんな業界の枠から「はみ出した人」をお招きして対談する番組をやっているんですが、番組に出ていただいたみなさんが学校教育について同じことを言うんです。

藤原 いろんな業界の人が、どんなことを言うんですか?

西野 **「学校教育で洗脳されてブレーキを踏んだ」**と。なぜ学校教育ってこんなにつまらなくて、人の個性をダメにしちゃうのか。なぜもっと「面白い授業」ができないんでしょうか。「学校を面白くする」という話だったら、スマホを使うのはアリだと思うんです。どう思いますか?

藤原 僕もそう思います。高校以上では、授業でスマホを使わないのはありえないですね。実際、僕が校長をつとめていた一条高校では、「Cラーニング」というシステムを採用して、授業にスマホを取り入れました。生徒は、スマホから「質問」や「意見」を教員のパソコンに送るんです。それがスクリーンに映し出されて、それを見ながら授業を進める。

西野　それはすばらしいですね。なぜ、ほかの学校ではスマホを活用できないんでしょう。

【理由1】「授業に活用している」か判断できない

藤原　私立も含めて、すべての高校は怖いんでしょうね。授業に使うといっても、実際にはこっそりLINEをやったりメールをやったりする子がいるかもしれないから。

西野　でも、僕らが学生のころだって、授業中に勉強するふりをしながら、絵を描いたり手紙を回したりしましたよね。

藤原　ありましたね。そうなんですが、時代の過渡期だと思うんです。一条高校でも、確かにこっそりLINEをやろうと思えば、できる。でも、そこはもう**先生と生徒との信頼関係**でしかない。その信頼関係が結べているから、できるんです。

西野　たしかに学校としたら勇気がいることかもしれないですね。でも、やっぱり、いまはスマホが不可欠だと思います。

【理由2】「先生のスキル」が追いついていない

西野　僕、「生徒が話を聞かなくなる」というのは先生の怠慢でしかないと思うんです。だって、**「スマホに興味を持っていかれる程度の話」しか、先生が提供できていないということじゃないですか。**

藤原　う〜ん、難しいですね。

西野　難しい話じゃないと思うんです。いまの時代、学校にいる時間以外はペンや地図や新聞などの役割をスマホが担っていることが多い。**スマホはもう生活インフラなんだから、「授業でスマホ禁止」は生徒と先生の選択肢を狭めているだけとしか思えないんです。**

藤原　おっしゃるとおりかもしれません。そこで、僕がいまちょっと考えていることがあります。

「スマホ授業」のススメ　3つの提案

【提案1】スマホで「授業の評価」をしてもらう

藤原　それは、「スマホを使って生徒に授業評価をさせる」ことです。たとえばですが、「よくわかった」「わかった」「イマイチだった」「わからなかった」の4段階評価とか。

西野　あはははは、「食べログ」の学校版みたいですね。

藤原　でも、こういう生徒からのフィードバックをすることで、生徒も授業に参加する気運が高まるし、先生たちも覚悟ができるでしょう。

【提案2】スマホから「生徒の意見」を聞く

藤原　スマホなら無記名で発信できるので、内気な生徒も自分の意見をいえます。授業中に「意見のある人？」と聞いても、意見が出るのは成績のいい子か目立ちたがり屋だけですし。

西野　なるほど。そこでスマホが生きてくる。

藤原　それから男女差もあって、男子は結論をしっかり出さないと意見を述べることが苦手なんですが、スマホなら男子生徒も意見が出しやすくなると思うんです。女子は結論が出ていなくてもしゃべり始めることができるので。

西野 スマホを使うことによって、自己開示が働くんですね。

【提案3】「写メ活用」で授業に集中する時間を増やす

西野 スマホが使えるようになれば、黒板の内容を「写メ」に撮って、授業に集中することもできますね。ノートに書き写したい人は書き写せばいいし、もし入院して学校に来られない生徒がいたら、授業を写真や動画で撮って届けてあげることもできますよね。

藤原 そうですね。これから「スマホ授業」がどんどん広げられれば、西野さんから投げかけられた「学校を楽しい化する」ということの、ひとつの仮説にはなるだろうな、と思います。

（3）ディズニーの倒し方が見えてきた

藤原　西野さんとの対談が決まって、西野さんの本を全部読んだのですが、本当によかった。これだったら「ディズニー」も狙わないと。

西野　いや、僕の場合「ディズニーを倒す」のが目標なんです。

藤原　えっ、「ディズニーを倒す」の？

西野　そうなんです。「打倒！　ディズニー」って言ってるんです。

藤原　それを日本でできるのは、手塚治虫や宮崎駿くらいかと思っていたけど、じゃあ、この2人も超えるってこと？

西野　あははは。そういうわけではないんですが、「ディズニーの倒し方」、とりわけ「ディズニーランドの倒し方」はちょっと見えてきた気がします。

藤原　どういうことですか？

西野　僕は、**人の幸せというのは「昨日からの伸び率」**だと思うんです。

「伸び率」が大きいほど幸せになれる

【ポイント1】「95点→100点」より「0点→50点」のほうがうれしい

西野 たとえば、テストでいつも95点の人が100点を取っても、そんなにはうれしくないけど、いつも0点の人が50点を取ったら、もうめちゃめちゃうれしいと思うんです。

藤原 数値でいったら100点のほうが点数は高い。でも、どっちがうれしくて幸せかといったら、確かに50点のほうですね。

西野 ディズニーランドは、その「95点のやつ」なわけです。いい意味で、もう「伸びしろ」がない。幸せになる「絶対的な安心感」はあるんだけれど、「これ以上、突き抜けること」はないと思うんです。

【ポイント2】これからのエンタメには「伸び率のデザイン」が重要

西野 これからのエンターテインメントに重要なのは、「伸び率をデザインする」ことだと思います。だから、**「ディズニーランドに行く」よりも「ディズニーランドを**

つくる」ほうが楽しいんじゃないかと。

藤原　それで「町をつくっちゃおう」ということで、「おとぎ町」につながるんですね。

西野　そうなんですよ。埼玉県のあるオーナーから「土地を提供してもらえる」というお話をいただいたんです。

藤原　その「おとぎ町」では、具体的にどんなことをしているんですか？

西野　先日は『となりのトトロ』に出てきたようなポンプ式の井戸が欲しいという小学生がいて、「じゃあ、やろう」という話になったんです。

藤原　なるほど、ここで「みんなでおカネを集めるため」にクラウドファンディングをやったんですね。

西野　はい。なんとかおカネが集まったので井戸を掘り始めましたが、井戸を掘るって大変なことなんですね。でも、井戸を掘ることで「あること」に気づいたんです。井戸を掘る前から、そこに「水脈」があることはわかっているんです。でも、途中に大きな石があったりすると、ルートを変えてやり直しになる。その間に「ホントに掘れるのかな？　大丈夫かな？」と不安でいっぱいになってくるんです。

【ポイント3】不安や恐怖があると、「伸び率」はさらに上がる

西野　何時間も経ってやっと「ピュッ」と水が出たとき、全員が大歓声を上げて、泣き出してしまう子もいました。**日本では水なんて蛇口をひねれば当たり前に出るわけですが、その「たった水だけ」で、これだけ幸せになれる。**

藤原　「おカネが集まるかな」「水が出るかな」とマイナスからスタートしているから、**不安や恐怖が内包されていた分、「伸び率」がさらに上がった**ということですね。

西野　ほかでは「おコメを食べられた！」というのも同じだと思うんです。田植えとかの体験も。

本気で「地球上でいちばん面白くなりたい」！

藤原　実は、和田中の修学旅行で農業体験をしたことがあるんです。2泊3日で新潟に行って、家族3世代で住んでいるような大家族のところに、その家族よりも少ない人数のグループに分かれて滞在させてもらったんです。大家族の中には、赤ちゃんがいたり、犬を飼っていたりするようなところもあって。

西野　すごい！　修学旅行で、それはいいですね。

藤原　みんな行く前は、「なんで京都奈良じゃないの？」と文句を言っていたんですが、3日目くらいには、女子はほとんど、男子でも半数以上は「帰りたくない」って泣いちゃって。帰りの新幹線では泣きながら「もう1回農業体験行きたいね」って話になっていました。

西野　いいなあ！　いい体験をしたんですね。

藤原　でも、「昨日からの伸び率」をうまくデザインして、いまのパワーでいけば、「ディズニーを倒す」のも見えてくるんじゃない？

西野　そうですね。「昨日からの伸び率」を大きくして楽しめるようなエンタメを今後はやっていきたいですね。いずれは「ウォルト・ディズニーを超えたい」ですし、「地球上でいちばん面白くなりたい」って本気で思っていますから。

(4) 次世代エンタメ、僕ならこう作る

赤ちゃん連れは「ライブ出禁」なのか

藤原　最後に、西野さんが取り組まれている「次世代のエンタメ像」について、もう少し話しましょう。「次世代のエンタメ」といえば、『魔法のコンパス』でも書かれて

いる**「赤ちゃん連れでも楽しめるライブ」**が非常に印象的でした。

西野　「ライブで泣いている赤ん坊の問題」の話ですね。「子どもが小さいからライブには行きにくい」ということも聞きますよね。

藤原　僕の講演でも起こるんですが、先日も演劇鑑賞に行ったとき、近くで赤ちゃんがワーワー言っているところに遭遇したんです。1回はいいけど繰り返されると、確かに気になる。でも、西野さんはちゃんと「みんなが楽しめる秘策」を考えているところがすばらしいと思いました。

西野　ライブ中に赤ちゃんが泣き始めたら、どうするか。**赤ちゃんが泣いている時間が短かったら、イジって笑いに変えればいいんですよね**。それで、みんなが幸せになるわけですから。いままでのライブでも、ある程度のところまで泣いている赤ちゃんをイジったりしていました。

藤原　「芸人なら『笑い』に変える」が、まず基本路線なんですね。

西野　はい。ただ「短時間」ならいいけど「長時間」泣くのが続いてしまう場合は、「笑い」に変えるのにも限界があります。だから、仕方ないので、ロビーに出ていただくようにしていました。そのたびに炎上もしてしまったのですが……。

藤原　確かに、劇場には劇場のマナーもありますよね。

西野　そうなんです。ほかのお客さんにとっても「赤ちゃんが泣くこと自体は別に構わない」と思うんです。だから「赤ちゃんが泣くこと」そのものよりも、「泣き続けられると……」という限度の問題だと思うんです。5分間も泣いている赤ちゃんをイジるわけにもいかないですし。

藤原　ほかのお客さんは、それを観るために来ているわけではないですからね……。

西野　なかには、数千円という大金を握りしめて、ようやくライブのチケットを買った中学生とかもいますから、そんな子どもたちも守らなきゃいけない。でも、**赤ちゃんの親御さんたちも大切なお客さん**なんです。何か「いい方法」がないかと考えていたら、独演会をやった「東京キネマ倶楽部」が頭に浮かんだんです。

その劇場は2階席が1列のみで、キャスター付きのソファー席という独立しているところでした。それと、楽屋がたくさんあったんですが、独演会だったので楽屋を使うのは僕しかいないんです。そこで、2階席と楽屋の「ある使い方」を考えたんです。

まず、退席しやすい2階席を**赤ちゃんがお父さんやお母さんのひざの上で観ることができるようにして、楽屋を「キッズスペース」に変えてしまった**んです。

藤原　なるほど。そうすると、途中で赤ちゃんが泣きだしてもほかのお客さんに迷惑をかけずに退席でき、キッズスペースに行くことができますよね。

西野 そうなんです。それに加えて、キッズスペースに「ステージの様子がわかるモニター」も置きました。そうすれば、**退席してもキッズスペースのモニターでステージの続きが観られるし**、赤ちゃんが泣きやんだら、また席に戻ればいいわけですし。

お客さんと「喜び」を共有するのが「次世代エンタメ」

藤原 素晴らしい！ 人まかせにせずに自分で経験して、そこから仮説を引き出す思考法を僕は「臨象哲学」と呼んでいるんですが、西野さんのやっていることはまさに臨象哲学。**事（現象）に臨んで考えながら解決**している。この場合は劇場の構造を確かめて解決していますよね。

西野 ありがとうございます。キッズスペースも、せっかくなので「このままキッズスペースにいたいなあ」と思えるくらい楽しい空間に演出したりもしました。

藤原 赤ちゃんの泣き声の解決策もなんですが、集客をするにしても西野さんは全部自分でやろうとしますよね。ふつうは事務所や他の会社に頼んでしまうところだと思うんですが。

西野 そうですね、普通はそうなんですが、集客をほかの会社に頼んでしまうのは、もったいないと思うんです。「チケット完売」という喜びは通常は自分たちのほうだけの話なんですが、そこからもお客さんと一緒にやって、「喜び」を共有したほうがエンタメになると思うんです。

藤原　なるほど、いまのお客さんは発信力もありますからね。

西野　「全員クリエーター、全員オーディエンス」みたいな感じです。

藤原　こういう考え方は頭がよくなきゃできないですよ。西野さんの「現場主義」みたいなところがすばらしいと思います。校長が保証しますよ。

西野　ありがとうございます。僕も校長やっていますが、校長先生にほめられるってうれしいです！

（にしの・あきひろ　絵本作家）

※初出「東洋経済オンライン」（2017年2月～4月）

本書は、二〇一三年八月、東洋経済新報社より刊行された『藤原和博の必ず食える1%の人になる方法』に、加筆、修正を行いました。

図表作成＝朝日メディアインターナショナル

ちくま文庫

必ず食える1%の人になる方法

二〇二〇年六月十日　第一刷発行

著　者　藤原和博（ふじはら・かずひろ）

発行者　喜入冬子

発行所　株式会社 筑摩書房

東京都台東区蔵前二―五―三　〒一一一―八七五五

電話番号　〇三―五六八七―二六〇一（代表）

装幀者　安野光雅

印刷所　三松堂印刷株式会社

製本所　三松堂印刷株式会社

ISBN978-4-480-43682-5 C0195